厚大®法考
Judicial Examination

2024 年国家法律职业资格考试

法考精神体系

带写带练 · 真题集萃 · 进阶案例

理论法

沙盘推演

主观题

白　斌◎编著｜厚大出品

中国政法大学出版社

⟪⟪ 厚大在线 ⟫⟫

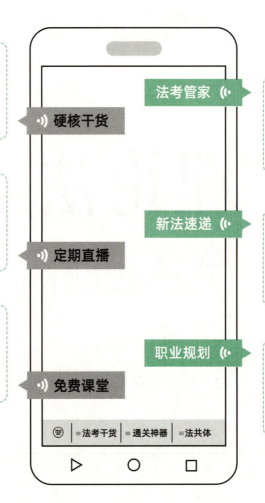

硬核干货
八大学科学习方法、新旧大纲对比及增删减总结、考前三页纸等你解锁。

定期直播
备考阶段计划、心理疏导、答疑解惑,专业讲师与你相约"法考星期天"直播间。

免费课堂
图书各阶段配套名师课程的听课方式,课程更新时间获取,法考必备通关神器。

法考管家
法考公告发布、大纲出台、主客观报名时间、准考证打印等,法考大事及时提醒。

新法速递
新修法律法规、司法解释实时推送,最高院指导案例分享;牢牢把握法考命题热点。

职业规划
了解各地实习律师申请材料、流程,律师执业手册等,分享法律职业规划信息。

≡法考干货　≡通关神器　≡法共体

⟪⟪⟪ 更多信息
关注厚大在线

HOUDA

做法治之光

——致亲爱的考生朋友

如果问哪个群体会真正认真地学习法律，我想答案可能是备战法考的考生。

当厚大的老总力邀我们全力投入法考的培训事业，他最打动我们的一句话就是：这是一个远比象牙塔更大的舞台，我们可以向那些真正愿意去学习法律的同学普及法治的观念。

应试化的法律教育当然要帮助同学们以最便捷的方式通过法考，但它同时也可以承载法治信念的传承。

一直以来，人们习惯将应试化教育和大学教育对立开来，认为前者不登大雅之堂，充满填鸭与铜臭。然而，没有应试的导向，很少有人能够真正自律到系统地学习法律。在许多大学校园，田园牧歌式的自由放任也许能够培养出少数的精英，但不少学生却是在游戏、逃课、昏睡中浪费生命。人类所有的成就靠的其实都是艰辛的训练；法治建设所需的人才必须接受应试的锤炼。

应试化教育并不希望培养出类拔萃的精英，我们只希望为法治建设输送合格的人才，提升所有愿意学习法律的同学整体性的法律知识水平，培育真正的法治情怀。

厚大教育在全行业中率先推出了免费视频的教育模式，让优质的教育从此可以遍及每一个有网络的地方，经济问题不会再成为学生享受这些教育资源的壁垒。

最好的东西其实都是免费的，阳光、空气、无私的爱，越是弥足珍贵，越是免费的。我们希望厚大的免费课堂能够提供最优质的法律教育，一如阳光遍洒四方，带给每一位同学以法律的温暖。

没有哪一种职业资格考试像法考一样，科目之多、强度之大令人咂舌，这也是为什么通过法律职业资格考试是每一个法律人的梦想。

法考之路，并不好走。有沮丧、有压力、有疲倦，但愿你能坚持。

坚持就是胜利，法律职业资格考试如此，法治道路更是如此。

当你成为法官、检察官、律师或者其他法律工作者，你一定会面对更多的挑战、更多的压力，但是我们请你持守当初的梦想，永远不要放弃。

人生短暂，不过区区三万多天。我们每天都在走向人生的终点，对于每个人而言，我们最宝贵的财富就是时间。

感谢所有参加法考的朋友，感谢你愿意用你宝贵的时间去助力中国的法治建设。

我们都在借来的时间中生活。无论你是基于何种目的参加法考，你都被一只无形的大手抛进了法治的熔炉，要成为中国法治建设的血液，要让这个国家在法治中走向复兴。

数以万计的法条，盈千累万的试题，反反复复的训练。我们相信，这种貌似枯燥机械的复习正是对你性格的锤炼，让你迎接法治使命中更大的挑战。

亲爱的朋友，愿你在考试的复习中能够加倍地细心。因为将来的法律生涯，需要你心思格外的缜密，你要在纷繁芜杂的证据中不断搜索，发现疑点，去制止冤案。

亲爱的朋友，愿你在考试的复习中懂得放弃。你不可能学会所有的知识，抓住大头即可。将来的法律生涯，同样需要你在坚持原则的前提下有所为、有所不为。

亲爱的朋友，愿你在考试的复习中沉着冷静。不要为难题乱了阵脚，实在不会，那就绕道而行。法律生涯，道阻且长，唯有怀抱从容淡定的心才能笑到最后。

法律职业资格考试不仅仅是一次考试，它更是你法律生涯的一次预表。

我们祝你顺利地通过考试。

不仅仅在考试中，也在今后的法治使命中——

不悲伤、不犹豫、不彷徨。

但求理解。

厚大®全体老师　谨识

第四部分 ▶ 大综案例　　　　　　　　　　　　　　　　　　102

学科特点

一、考试概述

2024 年国家统一法律职业资格考试的主观卷为一卷，包括案例分析题、法律文书题、论述题等题型，分值为 180 分，答题时长为 240 分钟。具体考查科目包括习近平法治思想、法理学、宪法、刑法、刑事诉讼法、民法、商法、民事诉讼法（含仲裁制度）、行政法与行政诉讼法、司法制度和法律职业道德，涉及理论法的科目有四个，即习近平法治思想、法理学、宪法、司法制度和法律职业道德。

根据 2018~2023 年主观题考查的经验，主观卷共 6 道题，其中，第五题商经法和第六题行政法由考生自由选择一道作答。涉及理论法的是第一题，以论述题的形式考查，35 分左右（曾经有出现 32 分和 38 分的情况），所考查的内容是法考中的政治课的相关知识点，基本没有涉及法理学、宪法、司法制度和法律职业道德的内容。具体来说，2020 年以前第一题考查的是中国特色社会主义法治理论，自 2021 年开始是习近平法治思想。一般而言，主观题第一题理论法为一道大型论述题，但 2023 年出现了两道小型论述题的情况，需要考生特别注意。质言之，对于 2024 年国家统一法律职业资格考试主观卷而言，"习近平法治思想"的考查势所必然。

二、分值分布

考查内容	年　份	分　值
中国特色社会主义法治理论	2018 年	35 分
	2019 年	38 分
	2020 年	32 分

续表

考查内容	年　份	分　值
习近平法治思想	2021 年	35 分
	2022 年	35 分
	2023 年	35 分

三、考情分析

为了便于考生了解、掌握，现把自 2015 年以来理论法主观论述题的考查内容罗列如下：

年　份	题　目	考　点
2015 年	根据材料，结合全面推进依法治国的总目标，从立法、执法、司法三个环节谈谈建设社会主义法治国家的意义和基本要求。	建设社会主义法治国家的意义
2016 年	根据材料，结合依宪治国、依宪执政的总体要求，谈谈法律面前人人平等的原则对于推进严格司法的意义。	依宪治国、依宪执政、严格司法
2017 年	请根据材料，结合自己对中华法文化中"天理、国法、人情"的理解，谈谈在现实社会的司法、执法实践中，一些影响性裁判、处罚决定公布后，有的深获广大公众认同，取得良好社会效果，有的则与社会公众较普遍的认识有相当距离，甚至截然相反判断的原因和看法。	依法治国和以德治国的关系
2018 年	请根据材料，结合自己的实际工作和学习，谈谈坚定不移走中国特色社会主义法治道路的核心要义。	中国特色社会主义法治道路的核心要义
2019 年	根据材料，结合你对党和国家机构改革的认识，谈谈法治政府建设在全面依法治国中的重要意义以及新时代法治政府建设的根本遵循。	法治政府建设
2020 年（全国版）	根据材料，结合疫情防控，谈谈法治在推进国家治理体系和治理能力现代化中的积极作用。	国家治理现代化
2020 年（延考版）	根据材料，结合《民法典》的颁布，谈谈你对健全和完善中国特色社会主义法治体系的理解。	法治体系
2021 年（全国版）	根据材料，谈谈你对习近平法治思想的核心要义的理解。	"十一个坚持"

续表

年　份	题　目	考　点
2021 年 （延考版之一）	结合你对习近平法治思想鲜明特色的理解，论述全面依法治国必须坚持以人民为中心的根本立场。	以人民为中心
2021 年 （延考版之二）	结合从中国实际出发的原则，谈谈建设德才兼备的高素质法治工作队伍的意义和措施。	高素质法治工作队伍
2022 年	根据材料，结合习近平法治思想，谈谈改革重构司法权力配置和运行机制的重大成就和意义。	司法改革
2023 年	1. 根据材料，围绕宪法对国家基本制度和人民基本权利义务的规定，谈一谈宪法在中国式现代化进程中的推动作用。 2. 结合习近平法治思想，谈一谈你对依宪治国、依宪执政的理解。	中国式现代化；依宪治国、依宪执政

四、考查趋势

在接下来的考试中，习近平法治思想的其他考点，如"习近平法治思想的重大意义""坚持党对全面依法治国的领导""坚持中国特色社会主义法治道路""坚持依法治国、依法执政、依法行政共同推进，法治国家、法治政府、法治社会一体建设""坚持全面推进科学立法、严格执法、公正司法、全民守法""坚持统筹推进国内法治和涉外法治""坚持抓住领导干部这个'关键少数'""依法治网""依法治军""建设法治社会""新质生产力""法治与改革""法治与政治""依法治国与依规治党"等论题都将一一成为法考主观题复习的重要内容。此类问题的作答并不困难，考生只需要适当背诵教材内容，并结合题目给出的材料，按照特定的逻辑顺序写出观点，有理有据即可。

不论是面对哪类论述题，考生最为重要的任务是摆脱恐惧感，进而按照一定的思路，而不是按照千篇一律的模板，去展开自己的论述。考生必须深切地认识到，论述题不是简答题，其涉及的往往是开放性问题，因此没有绝对的标准答案、统一答案。考生大可不必过分在意自己的论述是否与参考答案完全一致，只要做到主旨鲜明、分析充分、观点中正平和、论述有理有据，能够自圆其说即可。

解题关键

2024年法考主观卷的考查会以机考为主，辅以部分笔考。考生可根据自身的情况，自由选择机考或者笔考。不过从这几年考生的应考情况来看，无论是答题速度、字数还是卷面的整洁度，选择机考都更为明智，选择笔考的考生相对而言比较吃亏，在作答和得分方面会受到不利影响。因此，原则上建议考生选择机考方式。

总体而言，在解答论述题的过程中，一般需要把握如下几个关键点：

一、时间

在宏观战略方面，应当为最后一道题目的作答预留出充分的时间。

天下武功，唯快不破。说一千道一万，不论你的知识水平、答题技术有多么高超，如果在答主观卷最后一道题目时你已经没有时间了，那么什么理论和技术都是白搭。每年考试结束之后，都会有大量考生来找我诉说他们的不幸：最后一道大题根本就没有时间做。有的同学甚至连考查什么内容都没工夫看，铃声就响了。故而，区别于其他老师在解题技术方面大书特书，我一直坚持认为，解答主观卷的王道是为自己预留出充分的时间。事实上，只要你答了这道题，即便答得并不完美，只要满足基本条件，都起码会获得平均分。

因此，考生在解答前面的题目时，切勿恋战，不要在任何一道题目上耗费过多的时间，而是应当速战速决。具体每道题目的时间分配，应当根据每道题各自的分值平衡确定。以2021年主观卷为例，五道题共180分，要在240分钟内做完，考虑到试题难易分布的问题，预留出半个小时的机动时间，那么正常来说，平均1分是1分钟多一点的时间，每道题有最多10分钟的浮动空间。由此，第一道35分的论述题的作答时间就不应超过40分钟，从而保证在后面题目的作答上有足够的时间供你使用。

质言之，最重要的是答完所有的题目，而不是答得多么完美！题目没做完，说啥都完蛋。

从篇幅角度来说，论述题一般都有最低字数要求，比如要求相应题目的答案的总字数不少于600字。考生作答最基本的就是要符合最低字数要求，否则起分点就会很低。在满足了最低字数之后，考生往往认为旁征博引、多多益善，字数越多越好，因为字数太少，会显得理屈词穷、无话可说。但是，在考场上，面对每一道题，由于有答题时间的制约，你往往没有那么多时间来充分展开丰富的思想。因此，一个稳妥的做法是：35分的题，要求不少于600字，那么你在写了1000字左右的时候就差不多可以终止行文了。如果你文思泉涌，超过了 1200 字还刹不住车，那就挤压了后面题目宝贵的答题时间。当然，如果你用了 15 分钟就答了 1200 多字，那么没关系，你可以继续，再写 15 分钟，写到 2000 字也没啥问题。也就是说，首先应该关注的是时间，其次才是字数。

2023 年的考题呈现了一个特殊的情况，第一大题有两个小问，整体上要求不少于 600 字，共 35 分，那么考生在作答时就需要注意在两个小问上的答题字数以及时间的分配。简言之，切勿在第一小问上耗费太多的时间，以至于没有充分的时间去作答第二小问。

二、顺序

必须注意，理论法的论述题应当首先作答。

我经常开玩笑说：在法考的备考过程中，除了殷敏和白斌两位老师外，每个老师都会觉得自己教的科目最重要。这很明显地体现了"皮格马利翁效应"。正因为如此，教学实践中就有很多老师教育学生：上了主观题考场之后，应当首先做自己所教科目的试题。

那么，考生应当如何安排自己的答题顺序呢？请务必接受我下面的建议：一定要首先答第一题。如此建议并不仅仅因为我是理论法教师，所以王婆卖瓜、自卖自夸，而是基于以下两个理由：

第一，习近平法治思想属于法考中的政治题，相关论述政治性很强，大多来自于党的文件、领导人的讲话，对于考生而言，实在是太过陌生，学习过程也分外痛苦。考生通过强制学习记住的东西其实并不牢固，如果在答完其他题目之后再作答本题，那么在经历了其他题目带来的痛苦之后，原来记住的习近平法治思想的内容可能已经支离破碎、七零八落，没留下多少了。因此，最好的做法是一上考场，就一鼓作气把你肚子里仅有的那点东西竹筒倒豆子般倾泻干净。

第二，从时间方面考虑，第一题是论述题，要求实打实地写出相当的字数，耗时费力。如果放到最后作答，可能面临时间紧张、字数不够的窘境，一紧张就更编不出来了。如果一开始就作答，则时间可控，先写几段，在限定时间内写不完或者没思路的，大可不必追求一蹴而就，可以放到一边，先答后面的题目，有思路时再补充完善。如果最后再答这道题，则基本上失去了补充完善的机会。

三、文体

论述题应当坚持议论文的文体，避免感情用事。

每一道论述题在本质上都是一篇小论文，属于议论文范畴，此点必须谨记。

考生切记不宜写成抒情散文，或者以诗歌的形式行文，过度口语化的表述模式也应当极力避免。

在引用论据证明观点时，自然不宜引用小说、诗歌等文学类素材。

在具体措辞方面，则应避免过度使用华丽的形容词，或者像"啊""啦""吧""吗""呀""哇""哈"之类感情过于充沛的语气词。

标点符号的选择方面，也应尽量配合议论文平和中正的语言风格，多用逗号、句号，少用感叹号、问号、省略号，特别是不宜采取连续使用几个感叹号来加强语气的做法。

综合言之，法律语言整体而言比较严肃规范，考生应当避免口语化和啰嗦，以简洁干练为美。

四、分段

务必合理分段，避免"一气呵成"。

有的考生意图向阅卷人展示自己"文思泉涌、一气呵成"的气度，在作答论述题的过程中，从头至尾、一段贯之。这很明显是错误的观念。要知道，议论文往往要求有起、承、转、合的行文构造，以多个段落完成整体思想的逻辑推进。因此，无论是从思想脉络还是外观形象上考虑，考生都应当在答题过程中分段论述，这样一方面显得文章很有层次、内涵很丰富，另一方面也方便考生在就一个角度无话可说的时候适时地转向另一个角度。

正是由于这一点，考生在阅读题干材料、审题完毕之后，正确的做法不是率尔命笔、一挥而就，而是先在答题位置上花1分钟左右的时间列一个简单的提纲，就自己接下来先写什么、接着写什么、最后写什么规划一番，在每个枝节旁以罗列关键词的方式简略地记下随时想到的思路和要点，并在写作过程中随时补充。

一般来说，建议考生在论述题作答时最少应分为4段，最多不要超过6段。段落太多，则每段内容必然单薄，会显得思想支离破碎，呈现出碎片化的状态，不够厚重，论证不尽充分。另外，应当注意各个段落之间篇幅的大致平衡。如果有的段落500字，有的段落30字，很明显畸轻畸重，不够美观。正确的做法是：根据平时训练的情况，在走上考场之前就首先预估好这道题你准备花多长时间、写多少字；在考场上看到题目之后，你应该谋篇布局，想想就这个话题，应该分为几个段落，那么你就能预算出每一段平均下来大概多少字。比如，你能在限定的时间内写1200字，看到题目之后你觉得应该分6段来写，那么平均下来每段就是200字。这样在写作某段话快要写到200字时，你就要提醒自己：差不多了，该想着收尾了。

五、重点

要做到重点突出，明示采分点。

由论述题的特点所决定，相对较长的行文篇幅一方面会使考生本人在作答过程中忘记自己的主旨和重点，陷于浮泛和琐碎，另一方面也会影响到阅卷人对于文章整体结构乃至论述重点的把握。

因此，考生在作答时一定要避免自我中心主义，坚持以阅卷人为中心的答题立场，一切以方便阅卷人找到重点、找到采分点为目标展开论述。

具体的策略是：在开篇的第一句、每段的第一句以及全文的最后一句等显著重要的位置，均应由重点语句或核心采分点承担点题功能，确保表述准确、措辞严谨、思路清晰，没有错别字和病句，从而让阅卷人在批改时对于答案的体系框架一目了然。对于全文其他语句，笔考考生可以字迹相对潦草一点，但这些处于战略位置的语句则务必字迹工整清晰。相应段落之前用（1）（2）（3）或者"首先-其次-再次-最后"的方式标示出重点语句所在。就内容而言，务必简明扼要、一针见血地给出论点，再详细具体地展开论述。绝对不宜将核心观点隐藏在一大堆琐碎繁复的分析之中，让阅卷人苦寻不得。

六、引用

要学会适当引用法条、法谚和领导人讲话，体现法学理论素养。

在解答论述题的过程中，讨论到某个问题时，如果能够引用相关的法条、法律谚语或者国家领导人的讲话来说明，那么相对于夸夸其谈、空洞乏味的空话、套话，很明显要胜出许多。比如，在论述秩序价值与正义价值的关系时，可以引用"不正义的秩序好过无秩序"；论述调解与诉讼的关系时，可以引用《民事诉讼法》中关于调解的基本原则、调解的司法确认程序、先行调解制度等的规定。如此做法，一方面可以体现考生相对优越的法学理论功底，另一方面也可以让文章变得生动活泼、有魅力。

另外，从近几年考查的情况来看，如果特定论述题要求结合行政法、民事诉讼法、刑事诉讼法、刑法、商法的有关案例和制度来展开论述，这就意味着，在解答的过程中，单纯运用法理学中的原理并不讨巧，反而让人有空泛乏味、夸夸其谈的感觉。所以，一个讨巧的做法是：考生不妨尽量多地运用部门法老师在教学过程中教授的原理和制度来说明问题，这样既有助于确立起相关论述的专业高度，也更容易得到高分。

如果这样，那么就涉及某个规范性法律文件中特定法条的准确记忆问题，对于绝大部分考生来说，这是一项难以完成的任务。但是，因为现在主观题考试会给考生提供法条查询的便利，这一任务变得不再艰难了。然而，要想充分地利用法条，还需要考生在复习备考阶段对相关规范性法律文件的名称、内容以及特定法条的位置有相当程度的熟悉（并不要求记忆），这样在考场上查找起来就会更加快捷。

近几年来，由于"习近平法治思想"成为法考主观论述题的必考科目，因此在作答时引用习近平的论述也当然成为有助于增光添彩的明智之举。故而建议考生在复习备考阶段，专门积累并背诵习近平的一些重点语录，以便在考场上随时引用。

七、演练

必须平时多加练习，养成合理的答题习惯。

解答论述题是可以早做准备的，这一点必须明确。许多考生以临时抱佛脚的姿态在临考前浏览下所谓的答题技术和指导方案，胸无成法就仓促上阵，结果自然不会好。由于这些年区分了客观和主观考试，很多人在准备客观题考试时，基本上不会在主观题上花费多少精力，而是要等客观题成绩出来之后，再安心准备主观题。但等到客观题成绩出来，确认通过了，离主观题考试也就剩 1 个月左右的时间。1 个月左右的时间要搞定 7 个科目，真的是焦头烂额。对于理论法论述题的复习而言，由于需要复习的话题非常丰富，要求背诵和记忆的内容也可谓海量，如此短的时间，考生必定痛苦不堪。

因此，一种健康的方法就是长期准备，而不是在临考前仓促应战。对于理论法的论述题，首先要留出三四个月的复习时间，平时多做模拟练习，锻炼自己面对各种各样话题时的临场感觉、应战状态，背诵一些重点话题的经典表述、论述方法，并养成一定的解题思路和习惯，这样在真正的考场上才会成竹在胸、游刃有余。本书中提供了若干值得参考的模拟练习题，建议考生在考前每天坚持做一道题，记录自己的答题时间，提升自己的写字（或者打字）速度，笔考考生还应注意提升自己字迹的工整程度和卷面的整洁程度。

八、定位（笔考）

务必看好答题位置，做到定位答题。

如果考生选择的是机考答卷，则一般不会出现答错位置的情况，但是对于参加笔考的考生而言，每年都会有一定数量的考生因未能定位答题，导致分数损失。法考主观卷的答题纸为每道题都指定了相应的答题位置，基于阅卷过程电子化的现实考虑，请考生务必在答题时将答案写在指定的答题位置上，以避免阅卷人因为没有找到答案而误以为考生没有作答，由此给出 0 分。

有一个与此相关的建议，笔考考生作答的内容不应超出指定的答题空间范围。在实战中比较常见的情形是，有的考生下笔如有神助、酣畅淋漓，一发不可收拾，一开始写就收不住笔，写满了指定答题位置之后还没有结尾，索性一鼓作气写到了下一道题的预留位置。这种做法对得分来说同样是不利的，请笔考考生务必小心。

九、卷面（笔考）

务必保持卷面整洁，避免涂画删改。

就论述题而言，由于要求的字数较多，所以选择笔考的考生在写作过程中出现笔误、错别字或者论述偏差甚至严重跑题的情况其实都非常正常。重要的是，在出现了上述错误或者类似的情形之后，考生一般情况下不应大段涂改、增删，以保持卷面整洁有序。从笔者的经验来看，卷面的整洁实际上比内容的深刻理性更为重要。在发现自己跑题或者出现论述偏差之后，最佳的做法是不动声色地回归正途，而不是涂画重写。

与此相关的是，字迹潦草难辨的考生在复习法考的过程中，务必要加强书法练习，虽然不必达到字字美观的程度，但起码也要清晰可辨。道理很简单，因为阅卷老师绝对不会在辨识你的字迹的问题上花费太多精力。当然，因为主观卷题量大、写作任务重，所以必要的连笔是不可避免的，但务必保持行段齐整。

作答套路

一、作答步骤

整体而言，论述题的作答有一定的套路。依笔者之见，可以分为如下四个步骤：

（一）审题

这一步骤的主要任务并非阅读材料，而是通过阅读题目中的问题，搞清楚命题人想问什么。问什么，答什么，起码能保证不跑题，所答的内容做到了有的放矢。

有的观点认为理论法论述题的作答首先要解决阅读材料的困难，因此需要先阅读材料，然后删繁就简、提炼关键词，最终掌握段落大意。这种观点是错误的，因为它耗费时间。一般来说，论述题所给的时间有限，如果在材料的阅读分析上花费太多的时间，那么正式写作就比较紧张了。因此，遇到第一题时，正确的做法是跳过材料，直接审题，即关注题目中的问题。

在此，需要额外提醒，在审题的过程中，用到最多的方法是关键词识别法，即找出问题中的关键词，逐一展开论述。

（二）谋篇

此步骤应当将所要陈述的内容按照一定的逻辑结构铺陈展开。这就涉及布局的合理性，比如要思谋分成几段、每段写什么、写多长等问题。按照中国古人作文的标准范式，建议大家采用虎头、猪肚、豹尾的结构配置，也就是开篇要有大的气势，中间要厚实，结尾要有力，最好有余音袅袅的魅力。

当然，所划分的各段在长度方面也应当相对平衡，而不宜畸重畸轻，背诵准确的部分洋洋洒洒写 500 字，记忆不清楚的部分则诘屈聱牙凑 100 字了事。

（三）分解

从这几年的考试情况来看，每一道论述题都会提供两到三段相关材料，一般而言都是领导人的讲话，或者是党和国家某次会议决定的内容之类。这些材料中蕴含了大量的关于题目所涉及论题的信息、解答思路。因此，在遇到没有事先准备过的题目时，如果大脑中空白一片，不知道该写什么，就可以仔细阅读材料，归纳总结其中的观点思路，借鉴其中的术语措辞，为写作提供素材、营养、角度和思路。

（四）写作

这一步骤是将谋划好的框架具体落实到文字段落之中，也就是将心中的谋划体现在答卷上。一般而言，每段的第一句应当发挥小标题的功能，正确且有力量，最后一句则应发挥总结性的作用。如果是笔考，字迹必须分明、美观，充分体现你的素养。

二、实操演示

（一）意义类考题的演示

为了避免空对空的纯理论叙说，笔者将以 2014 年卷四第七题为例，说明上述四个步骤的具体展开程序。

1. 审题技巧

要想做到紧扣题意，而不是离题万里，那就必须认真审题。审题的第一步不是直接阅读题干中的材料，而是直击问题，然后带着问题阅读材料。比如，2014 年卷四第七题的第 4 问：

"结合材料一和材料二，运用行政法基本原理，阐述我国公司注册资本登记制度改革在法治政府建设方面的主要意义。"

可见，题目要求有三：

（1）运用行政法的基本原理；

（2）必须聚焦于法治政府建设；

（3）必须结合材料中的我国公司注册资本登记制度。

认识到这三点意味着：

第一，必须运用行政法的基本原理答题，宽泛地运用法理学的一般原理不符合题意。因此，必须调动行政法老师授课时教授的理论和术语，而不能根据社会常识作答，亦即随时向阅卷人展示自己在行政法方面的理论功底和专业水平。

第二，法治政府建设是焦点，答案的构造必须时时刻刻围绕着法治政府建设这条中心线（纲）。

第三，答案必须以我国公司注册资本登记制度为引子（领），通过该制度来说明和体现法治政府建设的意义和价值。

这就是解答论述题的第一步：审题。

2. 设计提纲

题目要求"结合材料一和材料二，运用行政法基本原理，阐述我国公司注册资本登记制度改革在法治政府建设方面的主要意义"。简单来说，也就是问 A 对 B 的意义。这种问题有两种分论点的拆解方法：一种是拆解 A，分别论述 A1 对 B 的意义、A2 对 B 的意义、A3 对 B 的意义等；另一种是拆解 B，分别论述 A 对 B1 的意义、A 对 B2 的意义、A 对 B3 的意义等。

就本题而言，相对于拆解公司注册资本登记制度改革，拆解法治政府建设更加容易，而且更能体现考生的理论素养，同时也与考题的主要考查内容"法治政府建设"更为契合。据此，可以设计一个清新简明的提纲：

第一部分，指出公司注册资本登记制度改革是什么、为什么要改革、改革宏观上有什么意义。

第二部分，具体分段论述该改革在法治政府建设方面的主要意义，将行政法的基本原理揉进去：

(1) 对于服务行政、便民利民有什么意义；

(2) 对于权力制约、有限政府有什么意义；

(3) 对于简便快捷、效能政府有什么意义。

第三部分，承担补漏的功能，论述简政放权对于建设法治政府来说，还应当有所作为，加强监管。

这种"总-分-总"的提纲结构其实非常容易把握，考生上手也比较快，而且结构清晰，阅卷人非常容易找到给分点。从另一个角度来说，就是首先结合材料引入总的论题；其次将总论题分解为几个具体的分论题，一一展开论述说明；最后进行总结概括与适当提升。

3. 分解材料

带着上述三个问题以及设计好的提纲，再去阅读题干中的材料，提炼要点。很明显，材料一提供的是一个涉及虚报注册资本，骗取公司登记的具体案件，对论述题的解答意义不大；材料二则涉及对于公司注册资本登记制度的改革问题，与论述题的解答关系密切。

材料二的第一段具体提供了2013年《公司法》重大修订所涉及的四点主要内容：①取消了公司最低注册资本的限额；②取消了公司注册资本实缴制，实行公司注册资本认缴制；③取消了货币出资比例的限制；④成立公司时不再需要提交验资报告，公司的认缴出资额、实收资本不再作为公司登记事项。第二段提供了2014年国务院根据上述《公司法》的修改精神批准的《注册资本登记制度改革方案》的内容，特别提到了"放松市场主体准入管制""严格市场主体监督管理和保障措施"两个方面。

结合前述题目的三项要求，材料提示我们的内容可以概括为三个方面：①我国公司注册资本登记制度改革的核心是放松市场主体准入管制，降低准入门槛；②该项改革对法治政府建设而言，核心意义就是简政放权，减少行政机关对于市场的过度干预；③就行政法的基本原理而言，可以从服务行政、便民利民，权力制约、有限政府，简便快捷、效能政府等角度进行论述。

4. 正式写作

在写作过程中，许多考生可谓是"拔剑四顾心茫然"，大脑中一片空白，只能照搬材料原文，改头换面，把空白部分写满了事，同时期待着阅卷人能够"不看功劳也看苦劳"，给个辛苦分。实际上，按照答题要求，"无本人观点或论述、照搬材料原文"非常明确是不得分的。此点也请考生切记。

因此，一个简便易行的思路是"源于材料，高于材料"，即对材料原文进行分解、归纳、总结、提炼和加工。实在做不到，起码也应当让自己的文字和材料原文在外观上存在显著不同。当然，对材料的照搬、改装也需要看具体情况，如果材料本身都是一些具体的案件或实例，照搬它们明显毫无意义，此时你就必须放弃这种企图。

以2014年第七题为例，给出的材料一是个案例，没办法照搬；材料二是对公司注册资本登记制度改革的介绍，存在若干有参考价值的点，考生可以把这几个点分散到不同的段落进行引用。

在具体的操作方面，首先要用一段话论述公司注册资本登记制度改革的内容和价值。你可以这样写：

公司注册资本登记制度改革是当前我国简化政府职能、还权于民、建设服务型政府过程中诸多具体措施的一个缩影，既是社会主义市场经济发展的内在逻辑和必然要求，也是建设有竞争力的现代企业制度的一个重要方面，更对规范行政权力、建设法治政府具有十分重要的意义。具体而言，体现在如下几个方面：……

这样的表述方式，再刁钻的阅卷人也说不出什么来。当然，你也可以这么写：

公司注册资本登记制度改革取消了公司最低注册资本的限额和注册资本实缴制，不再要求货币出资比例，从政策层面上放松了市场主体准入的管制机制，降低了准入门槛，体现了政府贯彻简政放权，建设服务政府、法治政府、责任政府的决心。这一改革明显有助于激发市场主体的活力，促进社会主义市场经济的有序发展，对于规范政府权力、简化审批流程、建设法治政府意义重大。具体体现在如下几个方面：……

但是，你绝不可以以如下文学化的方式写作：

取消了，
真的取消了，
平地起惊雷，
这个重大的改革措施将震荡中国，
它将改变我们对于公权力的认识，
为我们拉开历史帷幕，
透视未来的光芒！

总体而言，措辞理性平和是解答论述题的第一美德，诗情画意和堆砌形容词都是错误的选择。必须永远牢记的是，我们需要的不是感叹，而是论证！

在首段完成主题的切入之后，从第二段开始分别论述。你必须学会提示重点：

（1）公司注册资本登记制度改革有利于便民利民，建设服务型政府。通过简政放权，简化公司登记流程，放松市场主体准入管制，降低准入门槛，还权于民，一方面有助于充分发挥市场在资源配置中的基础作用；另一方面也极大地方便了公众和当事人，有助于调动市场和企业的积极性，激发公众的创业热情。

（2）公司注册资本登记制度改革有利于规范国家公权力，建设有限政府。通过简政放权，规范公司登记行为，降低政府对于市场主体的管制，缩减政府不必要的职能和权力，有助于避免政府过度干预市场和企业自主权，进一步划清政府、企业和市场之间的界限，防止权力滥用，建设廉洁政府。

（3）公司注册资本登记制度改革有利于提高行政机关的办事效率，建设效能政府。通过简化登记程序，提高行政机关的办事效率，强化政府在公司登记中的服务意识，促进行政活动简洁、高效、快捷地运作。

一般来说，在第二部分"分论"中，分为三小段论述足矣，提纲挈领的重点语句必须前置，方便阅卷人快速定位，并给出有效分值。

第二部分的主要功能是"正面论述"，而第三部分则负责"补充不足"，履行补漏的功能，阐述对于法治政府建设而言，公司注册资本登记制度改革还存在哪些容易被忽略的要点。这个部分可以用一段话简明总结，不妨构造如下：

总而言之，公司注册资本登记制度改革强调简政放权，要求政府把该放掉的权力放掉，但这并不意味着政府可以放弃自己的管理职责。宽进必然意味着严管，在降低市场主体准入门槛的同时，政府必须把该管的事情管好，改变监管方式，提高监管水平，严格市场主体监督管理和保障措施，推进相应的配套监管制度改革的具体措施，为形成诚信、有序、健康、公平的社会主义市场经济提供有力的保障。

"正面论述—补充不足"的论述格局在应对法考中的论述题时非常管用，它为你提供了面对论述题时的一个简单易学的操作框架，你可以将所有有用的材料按照这个框架排列组合，以呈现出层层推进、思虑周全的论述力量。

总之，如果出现要求论述"A对B的意义"的论述题，考生应当采用的基本套路如下：

首先，论述A是什么，宏观上说明很重要。这个部分发挥［引］的作用。

其次，具体论述A对B的意义。这个部分发挥［正］的作用。

最后，概括总结、弥补漏洞，论述在强调A的过程中，容易忽视什么。这个部分发挥［反］的作用。

（二）关系类考题的演示

除了上述"意义类"论述题外，法考实践中还曾经出现过"关系类"论述题，比如 2013 年卷四第七题的第 4 问：

"近年来，随着社会转型的深入，社会管理领域面临许多挑战，通过人民调解、行政调解、司法调解和民事诉讼等多种渠道化解社会矛盾纠纷成为社会治理的必然选择；同时，司法改革以满足人民群众的司法需求为根本出发点，让有理有据的人打得赢官司，让公平正义通过司法渠道得到彰显。请结合本案和社会发展情况，试述调解和审判在转型时期的关系。"

第一，第七题给出的案情是一个民事案件，因此，结合该案就意味着本题应当侧重于论述民事调解和民事诉讼的关系，不宜完全从法理学或者习近平法治思想的角度展开，而是应当尽量结合《民事诉讼法》的规范和理论。

第二，题目要求结合社会发展情况来论述，而题目本身已经提示我们这个社会是在转型时期。

第三，论述调解和审判的关系，自然意味着二者同等重要、相辅相成，不可偏废，不能片面地强调某一种机制。

分析完题目之后，就可以按照如下思路列出提纲：

第一部分，由本案引出民事调解和民事诉讼各自的优劣得失。这一部分发挥 ［引］ 的功能。

第二部分，具体分为两段，论述调解和诉讼之间的关系，将民事诉讼法的基本原理揉进去。这一部分发挥 ［正］ 的功能。

1. 调解对于诉讼的意义。

2. 诉讼对于调解的意义。

第三部分，承担补漏的功能，论述调解和诉讼作为多元纠纷解决机制中的两条途径，应当结合其他机制共同解决纠纷。同时，绝对不能因为大调解的治理方式而歪曲了民事审判应有的位置，解决民事纠纷要贯彻司法最终解决原则，即纠纷都可以诉诸公正审判予以最终解决。这一部分发挥 ［反］ 的功能。

（三）看法类考题的演示

论述题的另一种考法是单纯地问你对推进全面依法治国框架中的某个问题的看法。比如，给出一段材料之后，让考生"结合材料，就强化对行政权力的制约和监督，谈谈你的看法"。面对这样的一道题目，考生一般可以构建如下的答题提纲：

1. ［为什么］ 为什么要强化？

2. ［怎么办］ 正面论述如何强化：

（1）外部监督；

（2）内部监督；

（3）审计监督。

3. ［要注意］反面论述强化监督并不意味着鼓励行政机关及其工作人员无所作为、推诿塞责。

接下来，考生就可以调动所掌握的理论资源填充到相应的提纲当中。这样，我们就可以总结出如下答案：

［参考答案］（要点）

1. 行政权力是宪法和法律赋予行政机关管理经济、文化、社会事务的权力，是国家权力的重要组成部分。依法对行政权力进行科学有效的制约和监督，是推进全面依法治国、坚持人民当家作主的主体地位、推进国家治理体系和治理能力现代化的必然要求，也是提升各级政府及其工作部门依法履职能力、加快建设法治政府的必然要求，更是使市场在资源配置中发挥决定作用和更好地发挥政府作用的必然要求。

2. 强化对行政权力的制约和监督，具体包括如下几个方面的要求：

（1）加强行政权力运行制约和监督体系建设。行政权力运行制约和监督体系建设是一项系统工程，涉及党内监督、人大监督、民主监督、行政监督、司法监督、审计监督、社会监督、舆论监督等各个方面，必须充分发挥各监督主体的作用和积极性，科学设定监督职责，严密监督程序，努力形成科学有效的权力运行制约和监督体系，增强监督合力和实效。

（2）加强对政府内部权力的制约。第一，加强对关键部门和重点岗位的行政权力制约和监督，对财政资金分配使用、国有资产监管、政府投资、政府采购、公共资源转让、公共工程建设等权力集中的部门和岗位实行分事行权、分岗设权、分级授权，定期轮岗，强化内部流程控制，防止权力滥用；第二，完善政府内部层级监督和专门监督；第三，完善纠错问责机制，推进行政问责制度化、规范化，进一步明确问责范围、问责程序，加大问责力度，增强行政问责的针对性、操作性和时效性，坚决纠正行政不作为和乱作为。

（3）完善审计制度。第一，要依法实行审计监督全覆盖。对公共资金、国有资产、国有资源和领导干部履行经济责任情况实行审计全覆盖，既是审计机关的法定职责，也是深化改革的必然要求。第二，要进一步完善审计管理体制。要强化上级审计机关对下级审计机关的领导，落实地方审计机关重大事项向地方政府和上一级审计机关报告制度。改革审计管理体制，探索省以下地方审计机关人、财、物统一管理，保证审计发挥有效的监督作用。第三，要大力推进审计职业化建设。要按照推进审计职业化要求，大力推进各级审计机关公务员队伍专业化建设，严格审计人员准入门槛，完善审计人员行为准则。同时，大力鼓励发展专业化审计师事务所等社会组织，积极探索建立政府购买审计服务机制，推动国家审计机关与专业化社会组织形成合力。

3. 我们要从党和国家事业发展全局和战略的高度，深刻认识强化对行政权力制约和监督的重要性，依法规范行政权力运行，使行政权力永远体现人民意志，永远接受人民监督，永远为人民服务。同时也要注意到，强化制约和监督并不意味着鼓励行政机关及其工作人员无所作为、推诿塞责。

　　总的来说，论述题作答的秘诀在于两点：①搭建框架；②迅速完成。对于主观卷的第一道题目，考生在上面花费太多时间很明显是愚蠢的，一般要控制在相应的时间之内作答完毕。

第二部分 真题集萃

在了解了一般答题技巧之后，接下来，笔者以历年考试中的论述题为例，向大家展示上述答题套路的具体运用。

集 萃 一

2015 年司考卷四第一题

材料一：法律是治国之重器，法治是国家治理体系和治理能力的重要依托。全面推进依法治国，是解决党和国家事业发展面临的一系列重大问题，解放和增强社会活力、促进社会公平正义、维护社会和谐稳定、确保党和国家长治久安的根本要求。要推动我国经济社会持续健康发展，不断开拓中国特色社会主义事业更加广阔的发展前景，就必须全面推进社会主义法治国家建设，从法治上为解决这些问题提供制度化方案。（摘自习近平：《关于〈中共中央关于全面推进依法治国若干重大问题的决定〉的说明》）

材料二：同党和国家事业发展要求相比，同人民群众期待相比，同推进国家治理体系和治理能力现代化目标相比，法治建设还存在许多不适应、不符合的问题，主要表现为：有的法律法规未能全面反映客观规律和人民意愿，针对性、可操作性不强，立法工作中部门化倾向、争权诿责现象较为突出；有法不依、执法不严、违法不究现象比较严重，执法体制权责脱节、多头执法、选择性执法现象仍然存在，执法司法不规范、不严格、不透明、不文明现象较为突出，群众对执法司法不公和腐败问题反映强烈。（摘自《中共中央关于全面推进依法治国若干重大问题的决定》）

问题：根据以上材料，结合全面推进依法治国的总目标，从立法、执法、司法三个环节谈谈建设社会主义法治国家的意义和基本要求。

答题要求：

1. 无观点或论述、照搬材料原文的不得分；

2. 观点正确，表述完整、准确；

3. 总字数不得少于 400 字。

 答题区

400 字

解题思路

面对这样一道论述题，首先应当重视的是问题："根据以上材料，结合全面推进依法治国的总目标，从立法、执法、司法三个环节谈谈建设社会主义法治国家的意义和基本要求。"根据问题的要求，构建"总-分-总"的答案框架：

1. 总：全面推进依法治国的总目标。

2. 分

（1）结合材料从立法环节谈谈建设社会主义法治国家的基本要求；

（2）结合材料从执法环节谈谈建设社会主义法治国家的基本要求；

（3）结合材料从司法环节谈谈建设社会主义法治国家的基本要求。

3. 总：宏观论述建设社会主义法治国家的意义。

当然，在实际答题过程中，你大可不必写这么复杂的框架。这么多字，分明是在浪费时间。你可以采取简写的方法，如下：

1. 总：总目标。

2. 分：基本要求

（1）从立法环节谈；

（2）从执法环节谈；

（3）从司法环节谈。

3. 总：意义。

这个框架不能停留于你的心里，而是要落实在草稿纸上，就像一座大楼必须要有设计图纸。首先，这个在草稿纸上的设计图能够让你在答题过程中胸有成竹，避免遗忘。不要太相信自己的记忆力，很多时候写着写着你就忘记了自己原来构想的结构和内容了。其次，在草稿纸上写出框架还有一个好处，那就是在实操之时，你可能随时都有新的点子、新的想法、新的内容冒出来，不要放过这种灵光闪现的有益线索，迅速把它们捕捉下来，记录并安排到草稿纸上的框架里的妥当位置上。如果你不马上把它们记录下来，这些一鳞片爪、吉光片羽很快就会消失，等你想用的时候就想不起来了。当然，对于参加机考的考生来说，最好把草稿直接打在电脑的答题栏里面，随时增删、复制粘贴，也比较方便。

总之，论述题的论证框架是按照题目的要求搭建的。题目要求你结合"全面推进依法治国的总目标"，你就一定要在答案的开篇答出"全面推进依法治国的总目标"。题目要求你"从立法、执法、司法三个环节谈谈"，你在框架中就要有三段内容分别从立法、执法、司法三个角度讨论问题。简单一句话，人家要求什么，你要有什么，起码在框架上一定要体现出来。

框架搭建好了之后，你应当调动你就该部分所掌握的一切知识充填其中，想到什么就写入什么，只要政治正确即可。

参考答案 （要点）

1. 全面推进依法治国的总目标是建设中国特色社会主义法治体系，建设社会主义法治国家。即：在中国共产党的领导下，坚持中国特色社会主义制度，贯彻中国特色社会主义法治理论，形成完备的法律规范体系、高效的法治实施体系、严密的法治监督体系、有力的法治保障体系，形成完备的党内法规体系，坚持依法治国、依法执政、依法行政共同推进，法治国家、法治政府、法治社会一体建设，实现科学立法、严格执法、公正司法、全民守法，促进国家治理体系和治理能力现代化。

2. （1）从立法环节来看，要完善以宪法为核心的法律体系，加强宪法实施。建设中国特色社会主义法治体系，必须坚持立法先行，发挥立法的引领和推动作用，抓住提高立法质量这个关键。形成完备的法律规范体系，要贯彻社会主义核心价值观，使每一项立法都符合宪法精神。要完善立法体制机制，坚持立改废释并举，增强法律法规的及时性、系统性、针对性、有效性。

（2）从执法环节来看，要深入推进依法行政，加快建设法治政府。法律的生命力和法律的权威均在于实施。建设法治政府要求在党的领导下，创新执法体制，完善执法程序，推进综合执法，严格执法责任，建立权责统一、权威高效的依法行政体制，加快建设职能科学、权责法定、执法严明、公开公正、智能高效、廉洁诚信、人民满意的法治政府。

（3）从司法环节来看，要保证公正司法，提高司法公信力。要完善司法管理体制和司法权力运行机制，规范司法行为，加强监督，让人民群众在每一个司法案件中都感受到公平正义。

3. 总之，推进全面依法治国是坚持和发展中国特色社会主义的本质要求和重要保障，也是实现国家治理体系和治理能力现代化的必然要求，事关我们党执政兴国，事关人民幸福安康，事关党和国家长治久安。全面建成小康社会、实现中华民族伟大复兴的中国梦、全面深化改革、完善和发展中国特色社会主义制度，提高党的执政能力和执政水平，必须推进全面依法治国。

集 萃 二

2016 年司考卷四第一题

材料一: 平等是社会主义法律的基本属性。任何组织和个人都必须尊重宪法法律权威,都必须在宪法法律范围内活动,都必须依照宪法法律行使权力或权利、履行职责或义务,都不得有超越宪法法律的特权。必须维护国家法制统一、尊严、权威,切实保证宪法法律有效实施,绝不允许任何人以任何借口任何形式以言代法、以权压法、徇私枉法。必须以规范和约束公权力为重点,加大监督力度,做到有权必有责、用权受监督、违法必追究,坚决纠正有法不依、执法不严、违法不究行为。(摘自《中共中央关于全面推进依法治国若干重大问题的决定》)

材料二: 全面推进依法治国,必须坚持公正司法。公正司法是维护社会公平正义的最后一道防线。所谓公正司法,就是受到侵害的权利一定会得到保护和救济,违法犯罪活动一定要受到制裁和惩罚。如果人民群众通过司法程序不能保证自己的合法权利,那司法就没有公信力,人民群众也不会相信司法。法律本来应该具有定分止争的功能,司法审判本来应该具有终局性的作用,如果司法不公、人心不服,这些功能就难以实现。(摘自习近平:《在十八届中央政治局第四次集体学习时的讲话》)

问题: 根据以上材料,结合依宪治国、依宪执政的总体要求,谈谈法律面前人人平等的原则对于推进严格司法的意义。

答题要求:

1. 无观点或论述、照搬材料原文的不得分;

2. 观点正确,表述完整、准确;

3. 总字数不得少于400字。

✎ **答题区**

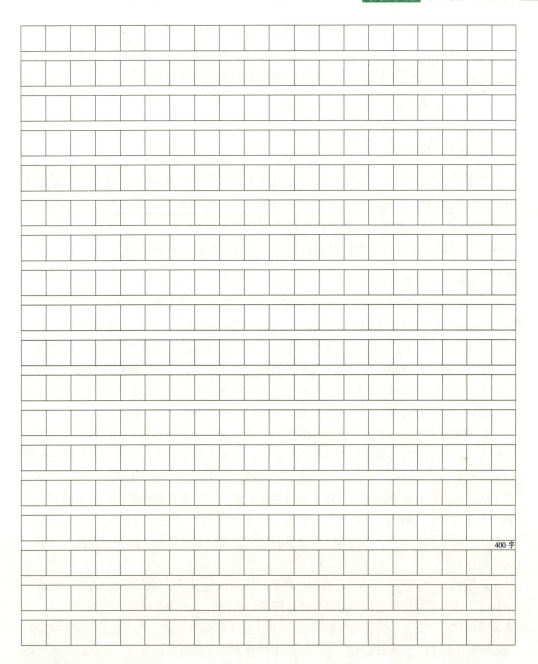

400 字

解题思路

　　首先审题。题目是："根据以上材料，结合依宪治国、依宪执政的总体要求，谈谈法律面前人人平等的原则对于推进严格司法的意义。"因此，题目问了两个问题：①依宪治国、依宪执政的总体要求；②法律面前人人平等的原则对于推进严格司法的意义。

　　接下来设计提纲。你可能不知道该怎么谋篇布局。没关系，你可以运用关键词识别法。整个题目涉及三组关键词：①依宪治国、依宪执政；②法律面前人人平等；③推进严格司法。当我们不知道什么总体要求、什么意义的时候，最简单的办法就是分三段，每组关键词写一段。于是，整体的提纲可以罗列如下：

1. 依宪治国、依宪执政的总体要求；

2. 法律面前人人平等；

3. 推进严格司法。

框架搭建好了之后，你就可以努力地往里面塞内容，把你复习过程中积累的所有关于依宪治国、依宪执政的素材都放到第一段，所有关于法律面前人人平等的语句都放到第二段，所有关于推进严格司法的内容都放到第三段。如果写完之后觉得单薄，就可以分解材料，把材料中有用的元素分析整理，吸收到答案当中。

参考答案 ▶▶▶（要点）

1. 坚持依法治国首先要坚持依宪治国，坚持依法执政首先要坚持依宪执政。宪法是国家的根本法，是党和人民意志的集中体现，全国各族人民、一切国家机关和武装力量、各政党和各社会团体、各企业事业组织，都必须以宪法为根本的活动准则。依宪治国、依宪执政必须贯彻法律面前人人平等的原则：一方面，宪法法律对所有公民和组织的合法权利予以平等保护，对受侵害的权利予以平等救济；另一方面，任何个人都不得有超越宪法法律的特权，一切违反宪法法律的行为都必须予以纠正和追究。

2. 平等是社会主义法律的基本属性，是社会主义法治的根本要求，严格司法是法律面前人人平等原则在司法环节的具体表现。公正是法治的生命线，司法公正对社会公平正义具有重要引领作用。正如习近平总书记所说，司法不公、司法不严对社会公平正义和司法公信力具有致命的破坏作用。坚持法律面前人人平等，意味着人民群众的诉讼权利在司法程序中应得到平等对待，人民群众的实体权利在司法裁判中应得到平等保护。只有让人民群众在每一个司法案件中感受到公平正义，人民群众才会相信司法，司法才具有公信力。

3. 坚持法律面前人人平等的原则，对于严格司法提出了更高的要求：首先，司法机关及其工作人员在司法过程中必须坚持以事实为根据、以法律为准绳，坚持事实认定符合客观真相、办案结果符合实体公正、办案过程符合程序公正，统一法律适用的标准，避免同案不同判，实现对权利的平等保护和对责任的平等追究；其次，推进以审判为中心的诉讼制度改革，全面贯彻证据裁判规则，确保案件事实证据经得起法律检验，确保诉讼当事人受到平等对待，绝不允许法外开恩和法外施刑；最后，司法人员工作职责、工作流程、工作标准必须明确，办案要严格遵循法律面前人人平等的原则，杜绝对司法活动的违法干预，办案结果要经得住法律和历史的检验。

我们继续以 2017 年司考卷四第一题为例，运用上述解题套路，再做一番模拟演练。

集 萃 三
2017 年司考卷四第一题

材料一：法律本来应该具有定分止争的功能，司法审判本来应该具有终局性的作用，如果司法不公、人心不服，这些功能就难以实现。……我们提出要努力让人民群众在每一个司法案件中都感受到公平正义，所有司法机关都要紧紧围绕这个目标来改进工作，重点解决影响司法公正和制约司法能力的深层次问题。（摘自习近平：《第十八届中央政治局第四次集体学习时的讲话》）

材料二：新华社北京 2017 年 5 月 3 日电：中共中央总书记、国家主席、中央军委主席习近平 3 日上午来到中国政法大学考察。习近平指出，我们有我们的历史文化，有我们的体制机制，有我们的国情，我们的国家治理有其他国家不可比拟的特殊性和复杂性，也有我们自己长期积累的经验和优势。

问题：请根据材料一和材料二，结合自己对中华法文化中"天理、国法、人情"的理解，谈谈在现实社会的司法、执法实践中，一些影响性裁判、处罚决定公布后，有的深获广大公众认同，取得良好社会效果，有的则与社会公众较普遍的认识有相当距离，甚至截然相反判断的原因和看法。

答题要求：

1. 无观点或论述、照搬材料原文的不得分；

2. 观点正确，表述完整、准确；

3. 总字数不少于 500 字。

✏️ 答题区

500字

解题思路 ▶▶

面对这样一道论述题，首先应当重视的是问题："请根据材料一和材料二，结合自己对中华法文化中'天理、国法、人情'的理解，谈谈在现实社会的司法、执法实践中，一些影响性裁判、处罚决定公布后，有的深获广大公众认同，取得良好社会效果，有的则与社会公众较普遍的认识有相当距离，甚至截然相反判断的原因和看法。"根据问题的要求，可以判断本题属于社会现象分析评论类的题目，构建"陈述问题-分析原因-解决方案-作出总结"（说问题、找原因、谈解决、作总结）的答案框架：

1. 陈述问题："天理、国法、人情"都是社会调控的重要规范，但是它们并不总是协调一致的，主要表现为合法不合理、合理不合法。

2. 分析原因：法律与道德有差异。

3. 解决方案。

4. 作出总结：中华文化强调"天理、国法、人情"的统一和兼顾，依法治国和以德治国相结合。

接下来，考生就应当调动所掌握的理论资源填充到相应的提纲当中。这样，我们就可以总结出如下答案：

参考答案 ▶▶ （要点）

1. 天理、国法和人情都是社会关系调控的重要规范，但是它们并不总是协调一致的，它们之间往往会有冲突，这主要表现为情理与法理的冲突，即合法不合理、合理不合法。在现实社会的司法、执法实践中，一些影响性裁判、处罚决定公布后，有的既合乎法理，又合乎情理，深获广大公众认同，取得良好社会效果；有的虽然合乎法理，却违背了情理，与社会公众较普遍的认识有相当距离，甚至截然相反，受到社会公众的抵制批评。出现这种情况主要是由于法律与道德之间的差异所造成的，很大程度上反映出我国的法律制度与社会道德准则之间出现了脱节。

2. 法律与道德之所以产生冲突，原因是多方面的：①道德多元而法律统一，多元的道德观念和统一严格的法律规范之间可能产生矛盾和冲突。②法律与道德的发展方式不同，有时道德的发展先于法律，法律表现出了滞后性；而有时先进的法律成为道德发展的先导因素。③法律与道德在调整对象、规范性特点和程度方面不同，主要表现为情理与法理上的冲突，即合法不合理与合理不合法两种情况。

3. 为了避免法律与道德之间产生冲突，一方面，在立法时应当充分考虑一定时期社会主义道德的基本要求，将其作为法律制定的价值基础，防止与道德对立的"恶法"出现。一旦出现违背天理、人情的国法，应当积极地修改完善。另一方面，在执法和司法过程中，执法和司法主体应当在合法的前提下，在自由裁量范围内尽量考虑道德要求，使法律的适用不仅合法，而且合理。同时，也应当在法治建设和道德建设中，重视法治宣传和全体社会成员的法律意识培养，批判与社会主义现代化建设不相容的旧的道德理念，加强人们对于法律制度和法治理念的认同感。

4. 国家和社会治理需要法律和道德共同发挥作用。在中国特色社会主义法治国家的建设过程中，我们一定要坚持依法治国和以德治国相结合。一方面，必须坚持一手抓法治、一手抓德治，大力弘扬社会主义核心价值观，弘扬中华传统美德，培育社会公德、职业道德、家庭美德、个人品德，既重视发挥法律的规范作用，又重视发挥道德的教化作用；另一方面，以法治体现道德理念、强化法律对道德建设的促进作用，以道德滋养法治精神、强化道德对法治文化的支撑作用，实现法律和道德相辅相成、法治和德治相得益彰。

集 萃 四
2018 年法考主观卷回忆题

材料一： 中国特色社会主义法治道路，是社会主义法治建设成就和经验的集中体现，是建设社会主义法治国家的唯一正确道路。在走什么样的法治道路问题上，必须向全社会释放正确而明确的信号，指明全面推进依法治国的正确方向，统一全党全国各族人民认识和行动。

——摘自习近平：《关于〈中共中央关于全面推进依法治国若干重大问题的决定〉的说明》

材料二： 改革和法治如鸟之两翼、车之两轮。我们要坚持走中国特色社会主义法治道路，加快构建中国特色社会主义法治体系，建设社会主义法治国家。全面依法治国，核心是坚持党的领导、人民当家作主、依法治国有机统一，关键在于坚持党领导立法、保证执法、支持司法、带头守法。要在全社会牢固树立宪法法律权威，弘扬宪法精神，任何组织和个人都必须在宪法法律范围内活动，都不得有超越宪法法律的特权。

——摘自习近平：《在庆祝中国共产党成立 95 周年大会上的讲话》

材料三： 中国各族人民将继续在中国共产党领导下，在马克思列宁主义、毛泽东思想、邓小平理论、"三个代表"重要思想、科学发展观、习近平新时代中国特色社会主义思想指引下，坚持人民民主专政，坚持社会主义道路，坚持改革开放，不断完善社会主义的各项制度，发展社会主义市场经济，发展社会主义民主，健全社会主义法治，贯彻新发展理念，自力更生，艰苦奋斗，逐步实现工业、农业、国防和科学技术的现代化，推动物质文明、政治文明、精神文明、社会文明、生态文明协调发展，把我国建设成为富强民主文明和谐美丽的社会主义现代化强国，实现中华民族伟大复兴。

——摘自 2018 年 3 月 11 日第十三届全国人民代表大会第一次会议通过的《宪法修正案》

问题： 请根据材料，结合自己的实际工作和学习，谈谈坚定不移走中国特色社会主义法治道路的核心要义。

答题要求：

1. 无观点或论述、照搬材料原文的不得分；

2. 观点正确，表述完整、准确；

3. 总字数不少于 600 字。

答题区

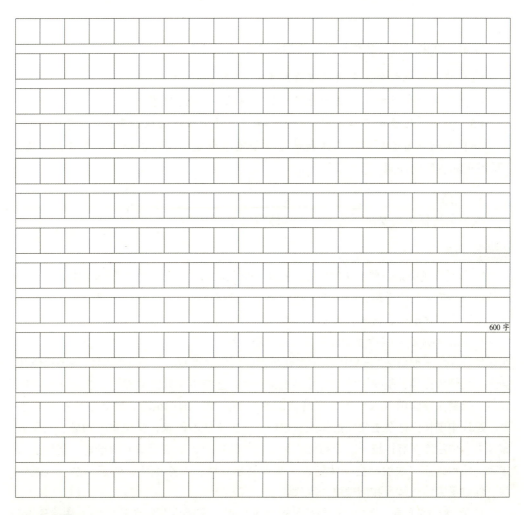

600 字

解题思路 ≫

1. 审题

首先应当从问题中寻找关键词：

（1）自己的实际工作和学习；

（2）中国特色社会主义法治道路；

（3）坚定不移走中国特色社会主义法治道路的核心要义。

以上三点是问题中非常明显的三个关键词，但是根据考生的反馈，还是有很多考生犯了审题不认真的错误。有的考生竟然把"中国特色社会主义法治道路"看成了"中国特色社会主义法治体系"。一旦看错，他就会相应地在"核心要义"的部分疯狂地输出"形成完备的法律规范体系、高效的法治实施体系、严密的法治监督体系、有力的法治保障体系、完善的党内法规体系"。这样答自然就是跑题了，牛头不对马嘴，得分也会受到显著的影响。

2. 谋篇

在审题结束之后，在草稿纸上构造如下框架：

（1）中国特色社会主义法治道路很重要；［导言］

（2）中国特色社会主义法治道路的基本内涵；［理论总述］

（3）具体表述坚定不移走中国特色社会主义法治道路的核心要义；［理论分述］

（4）如何在自己的实际工作和学习中坚定不移走中国特色社会主义法治道路。［联系实际、反向注意］

3. 实操

根据前述框架的安排，答案可以具体写出如下内容：

参考答案 ▶

1. 道路问题关系全局、决定成败。推进全面依法治国，必须首先明确道路问题。中国特色社会主义法治道路，是中国特色社会主义道路这条总道路在法治建设领域的具体体现。坚定不移走中国特色社会主义法治道路为推进全面依法治国指明了方向。

2. 坚定不移走中国特色社会主义法治道路，要求我们必须以马克思列宁主义、毛泽东思想、邓小平理论、"三个代表"重要思想、科学发展观、习近平新时代中国特色社会主义思想为指导，坚持中国特色社会主义制度，坚持中国共产党领导，坚持人民主体地位，坚持法律面前人人平等，坚持依法治国和以德治国相结合，坚持从中国实际出发，建设中国特色社会主义法治体系、建设社会主义法治国家，坚持党的领导、人民当家作主、依法治国有机统一，坚持依法治国、依法执政、依法行政共同推进，坚持法治国家、法治政府、法治社会一体建设，实现科学立法、严格执法、公正司法、全民守法，促进国家治理体系和治理能力现代化。

3. 坚持党的领导，坚持中国特色社会主义制度，贯彻中国特色社会主义法治理论，这三个方面实质上是中国特色社会主义法治道路的核心要义。党的领导是中国特色社会主义最本质的特征，是社会主义法治最根本的保证。中国特色社会主义制度是中国特色社会主义法治体系的根本制度基础。中国特色社会主义法治理论是中国特色社会主义法治体系的理论指导和学理支撑。这三个方面规定和确保了中国特色社会主义法治体系的制度属性和前进方向。

4. 我是一名人民警察，在实际工作和学习中，我深深地认识到坚定不移走中国特色社会主义法治道路的重要性。……走好这条道路，必须从我国实际出发，要同推进国家治理体系和治理能力现代化相适应，突出中国特色、实践特色、时代特色，既不能罔顾国情、超越阶段，也不能因循守旧、墨守成规。要学习借鉴世界上优秀的法治文明成果，但必须坚持以我为主、为我所用，认真鉴别、合理吸收，不能搞"全盘西化"，不能搞"全面移植"，不能囫囵吞枣、照搬照抄。

集萃五
2019 年法考主观卷回忆题

材料一：深化党和国家机构改革，目标是构建系统完备、科学规范、运行高效的党和国家机构职能体系，形成总揽全局、协调各方的党的领导体系，职责明确、依法行政的政府治理体系，中国特色、世界一流的武装力量体系，联系广泛、服务群众的群团工作体系，推动人大、政府、政协、监察机关、审判机关、检察机关、人民团体、企事业单位、社会组织等在党的统一领导下协调行动、增强合力，全面提高国家治理能力和治理水平。

——摘自《中共中央关于深化党和国家机构改革的决定》

材料二：依法治国是我国宪法确定的治理国家的基本方略，而能不能做到依法治国，关键在于党能不能坚持依法执政，各级政府能不能依法行政。我们要增强依法执政意识，坚持以法治的理念、法治的体制、法治的程序开展工作，改进党的领导方式和执政方式，推进依法执政制度化、规范化、程序化。执法是行政机关履行政府职能、管理经济社会事务的主要方式，各级政府必须依法全面履行职能，坚持法定职责必须为、法无授权不可为，健全依法决策机制，完善执法程序，严格执法责任，做到严格规范公正文明执法。

——摘自习近平：《加快建设社会主义法治国家》（2014 年 10 月 23 日），载《求是》2015 年第 1 期

材料三：坚持依法治国、依法执政、依法行政共同推进，法治国家、法治政府、法治社会一体建设。全面依法治国是一个系统工程，必须统筹兼顾、把握重点、整体谋划，更加注重系统性、整体性、协同性。依法治国、依法执政、依法行政是一个有机整体，关键在于党要坚持依法执政、各级政府要坚持依法行政。法治国家、法治政府、法治社会三者各有侧重、相辅相成，法治国家是法治建设的目标，法治政府是建设法治国家的主体，法治社会是构筑法治国家的基础。要善于运用制度和法律治理国家，提高党科学执政、民主执政、依法执政水平。

——摘自习近平：《在中央全面依法治国委员会第一次会议上的讲话》

问题：根据材料，结合你对党和国家机构改革的认识，谈谈法治政府建设在全面依法治国中的重要意义以及新时代法治政府建设的根本遵循。

答题要求：

1. 无观点或论述、照搬材料原文的不得分；

2. 观点正确，表述完整、准确；

3. 总字数不得少于600字。

✎ 答题区

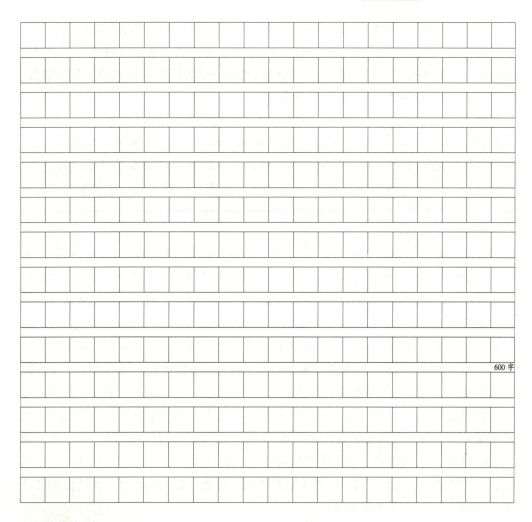

600 字

解题思路

1. 答题思路

本题属于复合题型，是意义类、概念类和心得类考题的复合考查，涉及"你对党和国家机构改革的认识"、"法治政府建设在全面依法治国中的重要意义"和"新时代法治政府建设的根本遵循"三个知识点。

基于"问什么，答什么"的应答思路，回答本题只要紧密围绕上述三个知识点来展开，就可以做到不跑题，拿到及格分。

在写作结构方面，按照"虎头、猪肚、豹尾"的要求，理论上，内容丰富的部分最好放到中间，容易升华、展望未来的部分适合放到结尾。因此，一种恰当的写法是：以"你对党和国家机构改革的认识"作为虎头；"新时代法治政府建设的根本遵循"因为涉及三个侧面，作为猪肚；而"法治政府建设在全面依法治国中的重要意义"则可以作为豹尾。

当然，论述题的性质就决定了其并没有统一的标准写法，只要有理有据、能自圆其说即可。所以第二种结构方案同样可行，那就是：以"法治政府建设在全面依法治国中的重要意义"作为虎头；"新时代法治政府建设的根本遵循"作为猪肚；"你对党和国家机构改革的认识"作为豹尾。

如果考生在考场上无力拆分"根本遵循"或者"重要意义"，那么第三种结构方案也可以采用：第一段写"法治政府建设在全面依法治国中的重要意义"，第二段写"法治政府建设"，第三段写"新时代法治政府建设的根本遵循"，第四段写"你对党和国家机构改革的认识"。整体而言，这种写法难度低，对考生的要求不高。当然，因为讨论不深入，得分也会有一定的影响。

2. 命题陷阱分析

就本题的设计而言，最大的陷阱在于"新时代法治政府建设的根本遵循"。党的十八届四中全会通过的《中共中央关于全面推进依法治国若干重大问题的决定》中有"全面推进依法治国的根本遵循"的提法，但是没有"新时代法治政府建设的根本遵循"的内容。于是许多考生陷入了莫名其妙的境况，不知道这题该答什么。可以看出，命题人已经避开了直接考查特定考点的命题方式，而是在考查考生基本概念、基本原理的同时，还考查了考生的应变能力和逻辑推理能力。由于"全面推进依法治国"自然全面地囊括了科学立法、严格执法、公正司法、全民守法等诸多方面，因此在逻辑上，在科学立法、严格执法、公正司法、全民守法的过程中，当然要贯彻"全面推进依法治国"的一般原理。"全面推进依法治国"要根本遵循"中国特色社会主义道路、理论体系和制度"，那么在科学立法、严格执法、公正司法、全民守法的过程中当然也要根本遵循"中国特色社会主义道路、理论体系和制度"。这是一个非常简单的道理。

而面对这一问题，考生基本上有两种情况：第一种情况是没听过"根本遵循""核心要义""工作布局"这类概念，完全不知所云，以为这是一道瞎扯、随便写的题；第二种情况是知道"根本遵循"是什么，但是由于不理解"全面推进依法治国"与"新时代法治政府建设"的逻辑包含关系，因此不知道"新时代法治政府建设的根本遵循"是什么，欠缺"化不会为会"的逻辑推理能力。

总之，这道题的真正难点在于"根本遵循"，这是命题人特别高明之处。反过来，对于那些擅长死记硬背的考生而言，绝对是个巨大的灾难。这同时意味着，以后的理论法论述题也将沿着类似的道路命题，不会特别直接地问你某个知识点，而是变换一种方式，考查你对相关概念和原理是否有深入的理解。

3. 实操

参考答案 ▷▷

1. 加快建设法治政府是全面推进依法治国、建设中国特色社会主义法治体系的重要内容。当前，全面推进依法治国进入关键时期，加快建设法治政府任务艰巨而紧迫、意义重大而深远。当前，中国特色社会主义法律体系已经形成，总体上解决了无法可依的问题，但有法不依、执法不严、违法不究的问题仍在相当程度上存在，严重损害了宪法法律的权威和尊严。行政机关作为国家权力机关的执行机关，负有严格贯彻宪法法律的重要职责，是实施宪法法律的重要主体。行政机关的执法水平直接关系人民群众的切身利益，直接关系党和政府的公信力。依法治国目标的实现很大程度上决定于法治政府建设的进度和质量。因此，各级政府必须按照"坚持依法治国、依法执政、依法行政共同推进，坚持法治国家、法治政府、法治社会一体建设"的要求，深入推进依法行政，切实做到严格执法和带头守法，全面提升政府工作法治化水平，确保依法治国方略全面落实、小康社会全面建成、改革全面深化，人民合法权益得到有效维护，社会公平正义能够充分实现。

2. 中国特色社会主义道路、理论体系、制度是法治政府建设的根本遵循。其中，中国特色社会主义道路为法治政府建设指明了方向，中国特色社会主义理论体系是法治政府建设的理论指引和行动指南，中国特色社会主义制度是法治政府建设的制度基础。

第一，法治政府建设必须坚定不移走中国特色社会主义道路。道路决定命运，道路问题是法治政府建设的根本问题。中国特色社会主义道路是党和国家各项事业顺利发展的总道路，其内涵就是在中国共产党的领导下，立足基本国情，以经济建设为中心，坚持四项基本原则，坚持改革开放，解放和发展社会生产力，建设社会主义市场经济、社会主义民主政治、社会主义先进文化、社会主义和谐社会、社会主义生态文明，促进人的全面发展，逐步实现全体人民共同富裕，建设富强民主文明和谐美丽的社会主义现代化强国。建设法治政府，最根本的就是要坚定不移地沿着中国特色社会主义道路前进，坚持走中国特色社会主义法治道路。

第二，法治政府建设必须坚定不移贯彻中国特色社会主义理论体系。没有正确的理论，就没有正确的行动。中国特色社会主义理论体系是党和国家各项事业顺利发展的科学指南，其内涵就是包括邓小平理论、"三个代表"重要思想、科学发展观、习近平新时代中国特色社会主义理论在内的科学理论体系，这一科学理论体系是对马克思列宁主义、毛泽东思想的坚持和发展。我们党之所以在革命、建设和改革的各个历史时期都能够领导人民不断取得胜利，正确的指导思想是根本前提。因此，推进依法行政，建设法治政府，必须贯彻中国特色社会主义理论体系，确保法治政府建设始终沿着正确的方向前进。

第三，法治政府建设必须坚定不移坚持中国特色社会主义制度。中国特色社会主义制度是党和国家各项事业顺利发展的重要保证，其内涵就是人民代表大会制度的根本政治制度，中国共产党领导的多党合作和政治协商制度、民族区域自治制度、基层群众自治制度等基本政治制度，中国特色社会主义法律体系，公有制为主体、多种所有制经济共同发展的基本经济制度，以及建立在这些制度基础上的经济体制、政治体制、文化体制、社会体制等各项具体制度。推进依法行政，建设法治政府，必须有助于巩固和发展中国特色社会主义制度，而不能弱化、虚化、动摇乃至否定中国特色社会主义制度。

3. 深化党和国家机构改革，是中国特色社会主义制度的自我完善和发展，是坚持和加强党的全面领导的必然要求，也是推进国家治理体系和治理能力现代化的重大举措。目前，党和国家机构设置和职能配置同统筹推进"五位一体"总体布局和协调推进"四个全面"战略布局的要求还不完全适应；一些领域，党的机构设置和职能配置不够健全有力，党和国家机构重叠、职责交叉、权责脱节，中央和地方机构权责划分也不尽合理。因此，必须与时俱进，深化党和国家机构改革，着力解决党和国家机构设置和职能配置存在的矛盾和问题，进一步推进机构职能优化协同高效、深化央地统筹协调，发挥好中央和地方的两个积极性，破除妨碍党和国家事业发展的壁垒，构建系统完备、科学规范、运行高效的党和国家机构职能体系，建设职能科学、权责法定、执法严明、公开公正、智能高效、廉洁诚信、人民满意的法治政府，从而满足人民群众日益增长的对美好生活的需要，更好地发挥中国特色社会主义制度优越性。

集 萃 六
2020 年法考主观卷回忆题（全国版）

材料一：法律是治国之重器，法治是国家治理体系和治理能力的重要依托。全面推进依法治国，是解决党和国家事业发展面临的一系列重大问题，解放和增强社会活力、促进社会公平正义、维护社会和谐稳定、确保党和国家长治久安的根本要求。要推动我国经济社会持续健康发展，不断开拓中国特色社会主义事业更加广阔的发展前景，就必须全面推进社会主义法治国家建设，从法治上为解决这些问题提供制度化方案。

——摘自习近平：《关于〈中共中央关于全面推进
依法治国若干重大问题的决定〉的说明》

材料二：全面依法治国是国家治理的一场深刻革命，必须坚持厉行法治，推进科学立法、严格执法、公正司法、全民守法。成立中央全面依法治国领导小组，加强对法治中国建设的统一领导。

——摘自习近平：《决胜全面建成小康社会 夺取新时代中国特色社会
主义伟大胜利——在中国共产党第十九次全国代表大会上的报告》

材料三：新华社北京 2020 年 2 月 5 日电：中共中央总书记、国家主席、中央军委主席、中央全面依法治国委员会主任习近平 2 月 5 日下午主持召开中央全面依法治国委员会第三次会议并发表重要讲话。他强调，要在党中央集中统一领导下，始终把人民群众生命安全和身体健康放在第一位，从立法、执法、司法、守法各环节发力，全面提高依法防控、依法治理能力，为疫情防控工作提供有力法治保障。习近平在讲话中强调，当前，疫情防控正处于关键时期，依法科学有序防控至关重要。疫情防控越是到最吃劲的时候，越要坚持依法防控，在法治轨道上统筹推进各项防控工作，保障疫情防控工作顺利开展。

问题：根据材料，结合疫情防控，谈谈法治在推进国家治理体系和治理能力现代化中的积极作用。

答题要求：

1. 无观点或论述、照搬材料原文的不得分；

2. 观点正确，表述完整、准确；

3. 总字数不得少于 600 字。

答题区

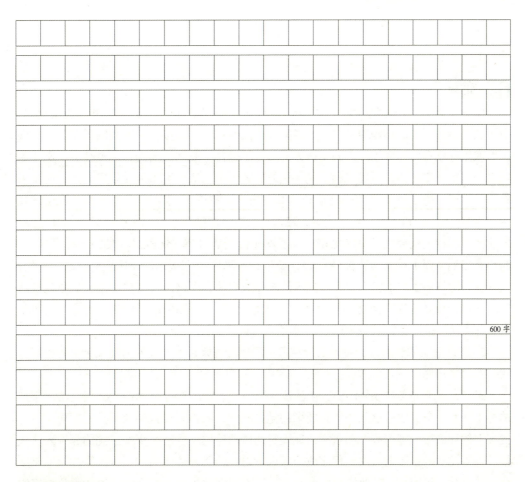

600 字

解题思路

1. 答题思路

本题属于复合类考题，既考查了"疫情防控"这一时事热点，也考查了"推进国家治理体系和治理能力现代化"这一政治热点。

就第二点来说，国家治理体系和治理能力现代化是党的十九届四中全会的主题，法律职业资格考试自然要结合法治加以考查，而且题目也明示要求回答"法治在推进国家治理体系和治理能力现代化中的积极作用"，因此内容非常明确。而就第一点来说，疫情防控涉及诸多方面，可以从政治、经济、文化、社会、医疗卫生、国民教育、体育等多个角度加以分析。考生往往会感到无从下手，不知道该从哪里切入分析。这时，就需要谨记，我们参加的是法律职业资格考试，因此从法治的角度分析疫情防控，便是我们的身份义务。

总之，就答案的框架而言，可以设计如下：

（1）疫情防控中法治的作用；

（2）在推进国家治理体系和治理能力现代化过程中法治的作用；

（3）总结升华段落。

2. 实操

参考答案 ▶▶

1. 来势凶猛的新冠疫情是一次危机，也是一次大考。正如习近平总书记所指出的，我国在抗击新冠疫情过程中所获得的经验和阶段性成效，直接证明了我国国家制度和国家治理体系顽强的韧性和巨大的生命力，彰显了坚持全面依法治国，建设社会主义法治国家，切实保障社会公平正义和人民权利的显著优势。依法治国是党领导人民治理国家的基本方略，依法执政是党治国理政的基本方式。我国《宪法》第 5 条第 1 款明确规定："中华人民共和国实行依法治国，建设社会主义法治国家。"总之，坚持全面依法治国，是中国特色社会主义现代化建设最基本最稳定最可靠的保障。在疫情防控问题上，法治有力地发挥了对疫情防控的引领、规范、保障作用，从立法、执法、司法、守法、监督、保障等各个环节发力，完善疫情防控相关立法，严格执行疫情防控和应急处置法律法规，加大对危害疫情防控行为的执法司法力度，加强疫情防控法治宣传和法律服务，为疫情防控工作提供有力的法治保障。

2. 推进全面依法治国，发挥法治在推进国家治理体系和治理能力现代化中的积极作用，要着重把握以下五个方面：

第一，必须提高党依法治国、依法执政的能力。党的领导是建设社会主义法治国家的根本保证。全面依法治国决不是要削弱党的领导，而是要加强和改善党的领导，不断提高党领导依法治国的能力和水平，巩固党的执政地位。要进一步推进党的领导入法入规，善于使党的主张通过法定程序成为国家意志、转化为法律法规，推进党的领导制度化、法治化、规范化。各级党组织和党员、干部要强化依法治国、依法执政观念，坚定法治信仰、树牢法治意识、带头厉行法治，提高运用法治思维和法治方式深化改革、推动发展、化解矛盾、维护稳定、应对风险的能力。

第二，用法治保障人民当家作主。只有在党的领导下依法治国、厉行法治，人民当家作主才能充分实现。社会主义法治建设一切都是以保障人民群众根本利益为出发点和落脚点。我们要坚持和完善人民当家作主制度体系，有效保证人民在党的领导下通过各种途径和形式管理国家事务、管理经济和文化事业、管理社会事务。必须健全社会公平正义法治保障制度，使法律及其实施有效体现人民意志、保障人民权益、激发人民创造力。

第三，坚持和完善中国特色社会主义法治体系。法治体系是国家治理体系的骨干工程。建设中国特色社会主义法治体系，包括形成完备的法律规范体系、高效的法治实施体系、严密的法治监督体系、有力的法治保障体系、完善的党内法规体系，涵盖了法治建设各领域、各环节、全过程，为确保中国特色社会主义事业长盛不衰提供了牢靠而持久的法治保障。要坚持依法治国、依法执政、依法行政共同推进，坚持法治国家、法治政府、法治社会一体建设，不断完善法律规范、法治实施、法治监督、法治保障和党内法规体系，汲取中华传统法律文化精华，吸收借鉴人类法治文明有益成果，坚决抵制西方错误思潮、错误观点的影响，加快建设中国特色社会主义法治体系。

第四，更好发挥法治对改革发展稳定的引领、规范、保障作用。做好改革发展稳定各项工作离不开法治，改革开放越深入越要强调法治，发展环境越复杂越要强调法治。当前，我们面对的改革发展稳定任务之重前所未有，面临的矛盾风险挑战之多前所未有。我们要发挥法治的引领、规范、保障作用，及时把推动改革、促进发展、维护稳定的成果以法律形式固化下来，为构建以国内大循环为主体、国内国际双循环相互促进的新发展格局提供强有力的法治保障，着力于固根基、扬优势、补短板、强弱项，推动各方面制度更加成熟、更加定型，逐步实现国家治理制度化、程序化、规范化、法治化。

第五，建设高素质法治工作队伍。全面推进依法治国，必须着力培养和造就一支忠于党、忠于国家、忠于人民、忠于法律的社会主义法治工作队伍。要加强对法治工作队伍的教育培训，旗帜鲜明把政治建设摆在首位，抓好科学理论武装，教育引导广大法治工作者坚定不移走中国特色社会主义法治道路。把专业化建设摆到更加重要的位置来抓，突出实战、实用、实效导向，全面提升业务素质和实际工作能力。深化法学教育改革，创新法治人才培养模式，健全法治实务部门与高等院校协同育人机制，提高人才培养质量，为加快建设社会主义法治国家提供有力人才保障。

3.总之，必须坚持在法治轨道上推进国家治理体系和治理能力现代化。法治是国家治理体系和治理能力的重要依托。只有全面依法治国才能有效保障国家治理体系的系统性、规范性、协调性，才能最大限度凝聚社会共识。在统筹推进伟大斗争、伟大工程、伟大事业、伟大梦想的实践中，在全面建设社会主义现代化国家新征程上，我们要更加重视法治、厉行法治，更好发挥法治固根本、稳预期、利长远的重要作用，坚持依法应对重大挑战、抵御重大风险、克服重大阻力、解决重大矛盾。

集 萃 七
2020 年法考主观卷回忆题（延考版）

材料一：习近平总书记指出：一切国家机关工作人员，无论身居多高的职位，都必须牢记我们的共和国是中华人民共和国，始终要把人民放在心中最高的位置，始终全心全意为人民服务，始终为人民利益和幸福而努力工作。我们党的宏伟奋斗目标，离开了人民支持就绝对无法实现。我们党的执政水平和执政成效都不是由自己说了算，必须而且只能由人民来评判。人民是我们党的工作的最高裁决者和最终评判者。

材料二：全面依法治国最广泛、最深厚的基础是人民，必须坚持为了人民、依靠人民。要把体现人民利益、反映人民愿望、维护人民权益、增进人民福祉落实到全面依法治国各领域全过程，保证人民在党的领导下通过各种途径和形式管理国家事务、管理经济和文化事业、管理社会事务，保证人民依法享有广泛的权利和自由、承担应尽的义务。

材料三：推进全面依法治国，根本目的是依法保障人民权益。随着我国经济社会持续发展和人民生活水平不断提高，人民群众对民主、法治、公平、正义、安全、环境等方面的要求日益增长，要积极回应人民群众新要求新期待，坚持问题导向、目标导向，树立辩证思维和全局观念，系统研究谋划和解决法治领域人民群众反映强烈的突出问题，不断增强人民群众获得感、幸福感、安全感，用法治保障人民安居乐业。

问题：根据材料，结合《民法典》的颁布，谈谈你对健全和完善中国特色社会主义法治体系的理解。

答题要求：

1. 无观点或论述、照搬材料原文的不得分；

2. 观点正确，表述完整、准确；

3. 总字数不得少于 600 字。

✎ **答题区**

（此处为600字方格答题区域）

600 字

解题思路 ▸▸

1. 答题思路

本题属于复合类考题，既考查了《民法典》的颁布这一时事热点，也考查了"健全和完善中国特色社会主义法治体系"这一习近平法治思想的核心考点。就《民法典》的颁布而言，因为只需要写一段，所以不需要长篇大论，只强调其具有重大意义即可；就中国特色社会主义法治体系的健全和完善而言，则需要详细罗列其五个方面的内容，各写一段，要有具体的细节。因此，写作框架可以设计如下：

（1）《民法典》颁布的重大意义。

（2）中国特色社会主义法治体系的健全和完善：

❶ 形成完备的法律规范体系；

❷ 形成高效的法治实施体系；

❸ 形成严密的法治监督体系；

❹ 形成有力的法治保障体系；

❺ 形成完善的党内法规体系。

（3）总结升华段落。

2. 实操

参考答案 ▸▸

1.《民法典》系统整合了新中国成立以来长期实践形成的民事法律规范，汲取了中华民族五千多年优秀法律文化，借鉴了人类法治文明建设有益成果，是一部体现我国社会主义性质、符合人民利益和愿望、顺应时代发展要求的民法典，是一部体现对生命健康、财产安全、交易便利、生活幸福、人格尊严等各方面权利平等保护的民法典，是一部具有鲜明中国特色、实践特色、时代特色的民法典。《民法典》在中国特色社会主义法律体系中具有重要地位，是一部固根本、稳预期、利长远的基础性法律，对推进全面依法治国、加快建设社会主义法治国家，对发展社会主义市场经济、巩固社会主义基本经济制度，对坚持以人民为中心的发展思想、依法维护人民权益、推动我国人权事业发展，对推进国家治理体系和治理能力现代化，都具有重大意义。

2. 中国特色社会主义法治体系总揽全局、牵引各方，是全面推进依法治国的总抓手。具体而言，加快建设中国特色社会主义法治体系，就是要加快形成完备的法律规范体系、高效的法治实施体系、严密的法治监督体系、有力的法治保障体系，形成完善的党内法规体系，从而把全面依法治国推向前进。

第一，加快形成完备的法律规范体系。法律是治国之重器，良法是善治之前提。目前，我国的法律规范体系还存在着一些问题，比如，部分立法不符合客观规律、不能满足人民群众需要，地方保护主义、法律部门化倾向比较严重等。因此，必须继续完善以宪法为统率的中国特色社会主义法律体系，紧紧围绕提高立法质量这个关键，推进科学立法、民主立法、依法立法，把公正、公开、公平原则贯彻于立法全过程，完善立法体制机制，坚持立改废释并举，增强法律法规的及时性、系统性、针对性、有效性，使每一项立法都符合宪法精神、反映人民意志、得到人民拥护。把国家各项事业和各项工作纳入法治轨道。

第二，加快形成高效的法治实施体系。法律的生命力在于实施，法律的权威也在于实施。目前，我国在法治实施方面，有法不依、执法不严、违法不究现象比较严重。因此，必须加强宪法的监督和实施，同时加快建设执法、司法和守法等方面的体制机制，坚持依法行政，建设法治政府；保证公正司法，提高司法的公信力；增强全民法治观念，推进法治社会建设。最终确保宪法和法律的全面有效实施，让人民群众在每一个案件中感受到公平正义。

第三，加快形成严密的法治监督体系。权力是一把双刃剑，不受监督的权力必然导致腐败。因此，加强党内监督、人大监督、民主监督、行政监督、监察监督、司法监督、审计监督、社会监督、舆论监督制度建设，必须加强对权力运行的制约和监督，努力形成科学有效的权力运行制约和监督体系，增强监督合力和实效。同时，必须认识到，阳光是最好的防腐剂，必须大力推进政务公开、司法公开，让权力在阳光下运行。

第四，加快形成有力的法治保障体系。完善有力的法治保障对全面推进依法治国至关重要。必须切实加强党对全面依法治国的领导，提高依法执政的能力和水平，为全面依法治国提供有力的政治和组织保障。着力建设一支忠于党、忠于国家、忠于人民、忠于法律的社会主义法治工作队伍，为全面依法治国提供有力的人才保障。改革和完善不符合法治规律、不利于依法治国的体制机制，为全面依法治国提供完备的制度保障。

第五，加快形成完善的党内法规体系。党内法规既是管党治党的重要依据，也是建设社会主义法治国家的重要保障。因此，必须完善党内法规制定体制机制，加大党内法规的执行力度，构建以党章为核心，内容科学、程序严密、运行有效的党内法规体系，注重党内法规同国家法律的有效衔接和协调，切实提高党依法执政的能力和水平。

3. 总之，中国特色社会主义法治体系的提出，是我们党执政方式的又一次重大转变，是我们党治国理念的又一次飞跃，有助于实现全面推进依法治国的总目标。全面推进依法治国的总目标就是建设中国特色社会主义法治体系，建设社会主义法治国家。具体而言就是：在中国共产党领导下，坚持中国特色社会主义制度，贯彻中国特色社会主义法治理论，形成完备的法律规范体系、高效的法治实施体系、严密的法治监督体系、有力的法治保障体系，形成完善的党内法规体系，坚持依法治国、依法执政、依法行政共同推进，坚持法治国家、法治政府、法治社会一体建设，实现科学立法、严格执法、公正司法、全民守法，促进国家治理体系和治理能力现代化。

集 萃 八
2021 年法考主观卷回忆题（全国版）

材料一： 推进全面依法治国是国家治理的一场深刻变革，必须以科学理论为指导，加强理论思维，不断从理论和实践的结合上取得新成果，总结好、运用好党关于新时代加强法治建设的思想理论成果，更好指导全面依法治国各项工作。

——摘自习近平：《在中央全面依法治国工作会议上的讲话》

材料二： 党的十八大以来，我们提出一系列全面依法治国新理念新思想新战略，明确了全面依法治国的指导思想、发展道路、工作布局、重点任务。……这些新理念新思想新战略，是马克思主义法治思想中国化的最新成果，是全面依法治国的根本遵循，必须长期坚持、不断丰富发展。

——摘自习近平：《在中央全面依法治国委员会第一次会议上的讲话》

材料三： 立足我国国情和实际，加强对社会主义法治建设的理论研究，尽快构建体现我国社会主义性质，具有鲜明中国特色、实践特色、时代特色的法治理论体系和话语体系。坚持和发展我国法律制度建设的显著优势，深入研究和总结我国法律制度体系建设的成功经验，推进中国特色社会主义法治体系创新发展。

——摘自《法治中国建设规划（2020~2025 年）》

问题： 根据材料，谈谈你对习近平法治思想的核心要义的理解。

答题要求：

1. 无观点或论述、照搬材料原文的不得分；
2. 观点正确，表述完整、准确；
3. 总字数不得少于 600 字。

✏ 答题区

600 字

参考答案

习近平法治思想内涵丰富、论述深刻、逻辑严密、系统完备，从历史和现实相贯通、国际和国内相关联、理论和实际相结合上，深刻回答了新时代为什么要实行全面依法治国、怎样实行全面依法治国等一系列重大问题。习近平法治思想是顺应实现中华民族伟大复兴时代要求应运而生的重大理论创新成果，是马克思主义法治理论中国化最新成果，是习近平新时代中国特色社会主义思想的重要组成部分，是全面依法治国的根本遵循和行动指南。

习近平法治思想的核心要义是指"十一个坚持"，具体论述如下：

1. 坚持党对全面依法治国的领导。党的领导是推进全面依法治国的根本保证。国际国内环境越是复杂，改革开放和社会主义现代化建设任务越是繁重，越要运用法治思维和法治手段巩固执政地位、改善执政方式、提高执政能力，保证党和国家长治久安。全面依法治国是要加强和改善党的领导，健全党领导全面依法治国的制度和工作机制，推进党的领导制度化、法治化，通过法治保障党的路线方针政策有效实施。

2. 坚持以人民为中心。全面依法治国最广泛、最深厚的基础是人民，必须坚持为了人民、依靠人民。要把体现人民利益、反映人民愿望、维护人民权益、增进人民福祉落实到全面依法治国各领域全过程。推进全面依法治国，根本目的是依法保障人民权益。要积极回应人民群众新要求新期待，系统研究谋划和解决法治领域人民群众反映强烈的突出问题，不断增强人民群众获得感、幸福感、安全感，用法治保障人民安居乐业。

3. 坚持中国特色社会主义法治道路。中国特色社会主义法治道路本质上是中国特色社会主义道路在法治领域的具体体现。既要立足当前，运用法治思维和法治方式解决经济社会发展面临的深层次问题；又要着眼长远，筑法治之基、行法治之力、积法治之势，促进各方面制度更加成熟更加定型，为党和国家事业发展提供长期性的制度保障。要传承中华优秀传统法律文化，从我国革命、建设、改革的实践中探索适合自己的法治道路，同时借鉴国外法治有益成果，为全面建设社会主义现代化国家、实现中华民族伟大复兴夯实法治基础。

4. 坚持依宪治国、依宪执政。党领导人民制定宪法法律，领导人民实施宪法法律，党自身要在宪法法律范围内活动。全国各族人民、一切国家机关和武装力量、各政党和各社会团体、各企业事业组织，都必须以宪法为根本的活动准则，都负有维护宪法尊严、保证宪法实施的职责。坚持依宪治国、依宪执政，就包括坚持宪法确定的中国共产党领导地位不动摇，坚持宪法确定的人民民主专政的国体和人民代表大会制度的政体不动摇。

5. 坚持在法治轨道上推进国家治理体系和治理能力现代化。法治是国家治理体系和治理能力的重要依托。只有全面依法治国才能有效保障国家治理体系的系统性、规范性、协调性，才能最大限度凝聚社会共识。在统筹推进伟大斗争、伟大工程、伟大事业、伟大梦想的实践中，在全面建设社会主义现代化国家新征程上，我们要更加重视法治、厉行法治，更好发挥法治固根本、稳预期、利长远的重要作用，坚持依法应对重大挑战、抵御重大风险、克服重大阻力、解决重大矛盾。

6. 坚持建设中国特色社会主义法治体系。中国特色社会主义法治体系是推进全面依法治国的总抓手。要加快形成完备的法律规范体系、高效的法治实施体系、严密的法治监督体系、有力的法治保障体系，形成完善的党内法规体系。要坚持依法治国和以德治国相结合，实现法治和德治相辅相成、相得益彰。要积极推进国家安全、科技创新、公共卫生、生物安全、生态文明、防范风险、涉外法治等重要领域立法，健全国家治理急需的法律制度、满足人民日益增长的美好生活需要必备的法律制度，以良法善治保障新业态新模式健康发展。

7. 坚持依法治国、依法执政、依法行政共同推进，法治国家、法治政府、法治社会一体建设。全面依法治国是一个系统工程，要整体谋划，更加注重系统性、整体性、协同性。法治政府建设是重点任务和主体工程，要率先突破，用法治给行政权力定规矩、划界限，规范行政决策程序，加快转变政府职能。要推进严格规范公正文明执法，提高司法公信力。普法工作要在针对性和实效性上下功夫，特别是要加强青少年法治教育，不断提升全体公民法治意识和法治素养。要完善预防性法律制度，坚持和发展新时代"枫桥经验"，促进社会和谐稳定。

8. 坚持全面推进科学立法、严格执法、公正司法、全民守法。要继续推进法治领域改革，解决好立法、执法、司法、守法等领域的突出矛盾和问题。公平正义是司法的灵魂和生命。要深化司法责任制综合配套改革，加强司法制约监督，健全社会公平正义法治保障制度，努力让人民群众在每一个司法案件中感受到公平正义。要加快构建规范高效的制约监督体系。要推动扫黑除恶常态化，坚决打击黑恶势力及其"保护伞"，让城乡更安宁、群众更安乐。

9. 坚持统筹推进国内法治和涉外法治。要加快涉外法治工作战略布局，协调推进国内治理和国际治理，更好维护国家主权、安全、发展利益。要强化法治思维，运用法治方式，有效应对挑战、防范风险，综合利用立法、执法、司法等手段开展斗争，坚决维护国家主权、尊严和核心利益。要推动全球治理变革，推动构建人类命运共同体。

10. 坚持建设德才兼备的高素质法治工作队伍。要加强理想信念教育，深入开展社会主义核心价值观和社会主义法治理念教育，推进法治专门队伍革命化、正规化、专业化、职业化，确保做到忠于党、忠于国家、忠于人民、忠于法律。要教育引导法律服务工作者坚持正确政治方向，依法依规诚信执业，认真履行社会责任。

11. 坚持抓住领导干部这个"关键少数"。各级领导干部要坚决贯彻落实党中央关于全面依法治国的重大决策部署，带头尊崇法治、敬畏法律，了解法律、掌握法律，不断提高运用法治思维和法治方式深化改革、推动发展、化解矛盾、维护稳定、应对风险的能力，做尊法学法守法用法的模范。要力戒形式主义、官僚主义，确保全面依法治国各项任务真正落到实处。

集 萃 九

2021年法考主观卷回忆题（延考版之一）

材料：（略）

问题：根据材料，结合你对习近平法治思想鲜明特色的理解，论述全面依法治国必须坚持以人民为中心的根本立场。

答题要求：

1. 无观点或论述、照搬材料原文的不得分；

2. 观点正确，表述完整、准确；

3. 总字数不得少于600字。

✎ **答题区**

（答题区为空白方格稿纸，右下角标注"600字"）

参考答案 ▶▶▶

1. 习近平法治思想内涵丰富、论述深刻、逻辑严密、系统完备，用"十一个坚持"对全面依法治国进行阐明部署，都是涉及理论和实践的方向性、根本性、全局性的重大问题，具有原创性、系统性、时代性、人民性和实践性等鲜明特色。其中，人民性是习近平法治思想最鲜明的品格。习近平总书记强调法治建设要为了人民、依靠人民、造福人民、保护人民，推动把体现人民利益、反映人民愿望、维护人民权益、增进人民福祉落实到全面依法治国各领域全过程，不断增强人民群众的获得感、幸福感和安全感。

2. 全面依法治国必须坚持以人民为中心。人民立场是中国共产党的根本政治立场。习近平总书记强调："必须牢记我们的共和国是中华人民共和国，始终要把人民放在心中最高的位置，始终全心全意为人民服务，始终为人民利益和幸福而努力工作。"以人民为中心是新时代坚持和发展中国特色社会主义的根本立场，是中国特色社会主义法治的本质要求。

第一，必须坚持人民的主体地位。人民是依法治国的主体和力量源泉。坚持人民主体地位，必须把以人民为中心的发展思想融入全面依法治国的伟大实践中。一方面，必须保证人民在党的领导下，依照法律规定，通过各种途径和形式管理国家事务，管理经济文化事业，管理社会事务，要把体现人民利益、反映人民愿望、维护人民权益、增进人民福祉落实到全面依法治国各领域全过程，健全民主制度、丰富民主形式、拓宽民主渠道，依法实行民主选举、民主协商、民主决策、民主管理、民主监督；另一方面，也必须使人民认识到法律既是保障自身权利的有力武器，也是必须遵守的行为规范，要增强全社会学法尊法守法用法意识，充分调动起人民群众投身依法治国实践的积极性和主动性，使全体人民都成为社会主义法治的忠实崇尚者、自觉遵守者、坚定捍卫者，使尊法、信法、守法、用法、护法成为全体人民的共同追求。

第二，必须牢牢把握住社会公平正义这一法治价值追求。公平正义是法治的生命线，是中国特色社会主义法治的内在要求。坚持全面依法治国，建设社会主义法治国家，切实保障社会公平正义和人民权利，是社会主义法治的价值追求。全面依法治国必须紧紧围绕保障和促进社会公平正义，把公平正义贯穿到立法、执法、司法、守法的全过程和各方面，紧紧围绕保障和促进社会公平正义来推进法治建设和法治改革，创造更加公平正义的法治环境，努力让人民群众在每一项法律制度、每一个执法决定、每一宗司法案件中都感受到公平正义。

第三，必须依法保障人民权益。习近平总书记指出："推进全面依法治国，根本目的是依法保障人民权益。"随着我国经济社会持续发展和人民生活水平不断提高，人民群众对民主、法治、公平、正义、安全、环境等方面的要求日益增长。推进全面依法治国，必须切实保障公民的人身权、财产权、人格权和基本政治权利，保证公民经济、文化、社会等各方面权利得到落实。非因法定事由、非经法定程序不得限制、剥夺公民、法人和其他组织的财产和权利。必须着力解决人民群众最关切的公共安全、权益保障、公平正义问题，努力维护最广大人民的根本利益，保障人民群众对美好生活的向往和追求，不断增强人民群众获得感、幸福感、安全感，用法治保障人民安居乐业。

3. 总之，全面依法治国必须坚持以人民为中心。坚持以人民为中心，深刻回答了推进全面依法治国，建设社会主义法治国家为了谁、依靠谁的问题。习近平总书记强调："人民是我们党的工作的最高裁决者和最终评判者。"在新时代，身处新发展阶段，全面深化改革、全面推进依法治国、全面建设中国特色社会主义现代化强国、全面从严治党，实现"两个一百年"的奋斗目标和中华民族伟大复兴的中国梦，必须坚持以人民为中心！

集 萃 十
2021 年法考主观卷回忆题（延考版之二）

材料一：法学学科体系建设对于法治人才培养至关重要。我们有我们的历史文化，有我们的体制机制，有我们的国情，我们的国家治理有其他国家不可比拟的特殊性和复杂性，也有我们自己长期积累的经验和优势，在法学学科体系建设上要有底气、有自信。要以我为主、兼收并蓄、突出特色，深入研究和解决好为谁教、教什么、教给谁、怎样教的问题，努力以中国智慧、中国实践为世界法治文明建设作出贡献。对世界上的优秀法治文明成果，要积极吸收借鉴，也要加以甄别，有选择地吸收和转化，不能囫囵吞枣、照搬照抄。

——摘自习近平总书记在考察中国政法大学时的重要讲话

材料二：中国特色社会主义道路、理论体系、制度是全面推进依法治国的根本遵循。必须从我国基本国情出发，同改革开放不断深化相适应，总结和运用党领导人民实行法治的成功经验，围绕社会主义法治建设重大理论和实践问题，推进法治理论创新，发展符合中国实际、具有中国特色、体现社会发展规律的社会主义法治理论，为依法治国提供理论指导和学理支撑。汲取中华法律文化精华，借鉴国外法治有益经验，但决不照搬外国法治理念和模式。

——摘自《中共中央关于全面推进依法治国若干重大问题的决定》

问题：根据以上材料，结合从中国实际出发的原则，谈谈坚持建设德才兼备的高素质法治工作队伍的意义和措施。

答题要求：

1. 无观点或论述、照搬材料原文的不得分；
2. 观点正确，表述完整、准确；
3. 总字数不得少于 600 字。

✒ **答题区**

（此处为方格稿纸，右侧标注"600字"）

参考答案

1. 建设德才兼备的高素质法治工作队伍是推进全面依法治国的一项基础性工作。全面推进依法治国，必须建设一支德才兼备的高素质法治工作队伍。习近平总书记指出："研究谋划新时代法治人才培养和法治队伍建设长远规划，创新法治人才培养机制，推动东中西部法治工作队伍均衡布局，提高法治工作队伍思想政治素质、业务工作能力、职业道德水准，着力建设一支忠于党、忠于国家、忠于人民、忠于法律的社会主义法治工作队伍，为加快建设社会主义法治国家提供有力人才保障。"

2. 要坚持把法治工作队伍建设作为全面依法治国的基础性工作，大力推进法治专门队伍革命化、正规化、专业化、职业化，培养造就一大批高素质法治人才及后备力量。

第一，加强法治专门队伍建设。要坚持把政治标准放在首位，加强科学理论武装，坚持用习近平新时代中国特色社会主义思想特别是习近平法治思想武装头脑，深入开展理想信念教育，深入开展社会主义核心价值观教育，不断打牢高举旗帜、听党指挥、忠诚使命的思想基础，永葆忠于党、忠于国家、忠于人民、忠于法律的政治本色。要把强化公正廉洁的职业道德作为必修课，自觉用法律职业伦理约束自己，信仰法治、坚守法治，培育职业良知，坚持严格执法、公正司法，树立惩恶扬善、执法如山的浩然正气，杜绝办"金钱案""权力案""人情案"。

第二，加强法律服务队伍建设。法律服务队伍是全面依法治国的重要力量。要加强法律服务队伍建设，引导法律服务工作者坚持正确政治方向。要充分发挥律师在全面依法治国中的重要作用，加强律师队伍思想政治建设，完善律师执业保障机制，建设一支拥护党的领导、拥护社会主义法治的高素质律师队伍。要加强公证员、基层法律服务工作者、人民调解员队伍建设，推动法律服务志愿者队伍建设。建立激励法律服务人才跨区域流动机制，逐步解决基层和欠发达地区法律服务资源不足和高端人才匮乏问题。

第三，加强法治人才培养。高校作为法治人才培养的第一阵地，要充分利用学科齐全、人才密集的优势，加强法治及其相关领域基础性问题的研究，为完善中国特色社会主义法治体系、建设社会主义法治国家提供理论支撑。大力加强法学学科体系建设，认真总结法学教育和法治人才培养经验和优势，探索建立适应新时代全面依法治国伟大实践需要的法治人才培养机制。要强化法学教育实践环节，处理好法学知识和法治实践教学的关系，将立法执法司法实务工作部门的优质法治实践资源引进高校课堂，加强法学教育、法学研究工作者和法治实务工作者之间的交流。坚持以我为主、兼收并蓄、突出特色，积极吸收借鉴世界上的优秀法治文明成果，有甄别、有选择地吸收和转化，不能囫囵吞枣、照搬照抄，努力以中国智慧、中国实践为世界法治文明建设作出贡献。

集萃十一

2022 年法考主观卷回忆题

材料一：2020 年 11 月，中央全面依法治国工作会议确立习近平法治思想在全面依法治国中的指导地位，这在党和国家法治建设史上、马克思主义法治理论发展史上都具有重大意义。2021 年 12 月，习近平总书记主持中央政治局第三十五次集体学习时发表重要讲话，强调坚定不移走中国特色社会主义法治道路，更好推进中国特色社会主义法治体系建设。

材料二：人民法院作为国家审判机关，是保证法律有效实施的重要力量。必须始终真学真信笃行习近平法治思想，牢牢抓住法治体系建设这个总抓手，围绕坚持依法治国、依法执政、依法行政共同推进，坚持法治国家、法治政府、法治社会一体建设，充分发挥审判职能作用，为中国特色社会主义法治体系建设提供有力司法服务。

材料三：习近平总书记指出："要围绕让人民群众在每一项法律制度、每一个执法决定、每一宗司法案件中都感受到公平正义这个目标，深化司法体制综合配套改革，加快建设公正高效权威的社会主义司法制度。"更好推进中国特色社会主义法治体系建设，离不开立法、执法、司法机关自身的改革创新和队伍建设。人民法院必须通过深化司法体制改革、加快智慧法院建设、锻造过硬法院队伍，促进审判体系和审判能力现代化，更好提升服务中国特色社会主义法治体系建设的效能。

问题：根据材料，结合习近平法治思想，谈谈改革重构司法权力配置和运行机制的重大成就和意义。

答题要求：

1. 无观点或论述、照搬材料原文的不得分；

2. 观点正确，表述完整、准确；

3. 总字数不得少于 600 字。

✎ 答题区

（此处为空白答题方格，共十行，右侧标注"600字"）

参考答案

1. 习近平法治思想内涵丰富、论述深刻、逻辑严密、系统完备，从历史和现实相贯通、国际和国内相关联、理论和实际相结合上，深刻回答了新时代为什么要实行全面依法治国、怎样实行全面依法治国等一系列重大问题，为深入推进全面依法治国、加快建设社会主义法治国家，运用制度威力应对风险挑战，实现党和国家长治久安，全面建设社会主义现代化国家、以中国式现代化全面推进中华民族伟大复兴，提供了科学指南。

2. 改革重构司法权力配置和运行机制，是社会主义司法制度的自我完善和发展，是推进司法公正的必然要求，也是推进国家治理体系和治理能力现代化的重大举措。目前的司法权力配置和运行机制同统筹推进"五位一体"总体布局和协调推进"四个全面"战略布局的要求还不完全适应，司法机关的机构设置和职能配置还存在机构重叠、职责交叉、权责脱节等不尽合理的缺陷。因此，必须与时俱进改革重构司法权力配置和运行机制，着力解决司法机关机构设置和职能配置存在的矛盾和问题，进一步推进司法机关机构职能优化、协同高效、统筹协调，调动各方面的积极性，破除妨碍司法制度发展的壁垒，构建系统完备、科学规范、公开公正、廉洁高效的司法权力运行体系，从而满足人民群众日益增长的对公正司法的需要，更好地发挥社会主义制度优越性。

第一，改革重构司法权力配置和运行机制，必须推进公正司法。权利的最终救济、纠纷的最终解决是在司法环节。习近平总书记强调："要懂得'100－1＝0'的道理，一个错案的负面影响足以摧毁99个公正裁判积累起来的良好形象。"人民群众每一次求告无门、每一次经历冤假错案，损害的都不仅仅是他们的合法权益，更是法治的尊严、社会的公平正义。因此，必须依法公正对待人民群众的诉求，解决影响司法公正和制约司法能力的深层次问题，努力让人民群众在每一个司法案件中感受到公平正义。

第二，改革重构司法权力配置和运行机制，必须坚持司法为民。公正司法事关人民切身利益，事关社会和谐稳定，是我国司法工作的内在追求和价值目标。习近平总书记指出："所谓公正司法，就是受到侵害的权利一定会得到保护和救济，违法犯罪活动一定要受到制裁和惩罚。"必须加强对人权的司法保障，强化诉讼过程中当事人和其他诉讼参与人的知情权、陈述权、辩护辩论权、申请权、申诉权的制度保障，健全落实罪刑法定、疑罪从无、非法证据排除等法律原则的法律制度，加强对刑讯逼供和非法取证的源头预防，健全冤假错案有效防范、及时纠正机制。

第三，改革重构司法权力配置和运行机制，必须推进司法公开，加强对司法活动的监督。阳光是最好的防腐剂。推进阳光司法，以公开促公正、以公开树公信、以公开保廉洁，增强主动公开、主动接受监督的意识，依法及时公开司法依据、程序、流程、结果和裁判文书，让暗箱操作没有空间，让司法腐败无法藏身。同时，必须加强对司法活动的监督，发挥纪检监察监督的作用，完善人民检察院对司法活动进行监督的范围、方式、程序和保障措施，完善人民监督员制度，重视和规范舆论监督，让公正司法真正成为维护社会公平正义的最后一道防线。

集萃十二
2023 年法考主观卷回忆题

材料一： 中国式现代化是人口规模巨大的现代化。人口规模不同，现代化的任务就不同，其艰巨性、复杂性就不同，发展途径和推进方式也必然具有自己的特点。

中国式现代化是全体人民共同富裕的现代化。共同富裕是人类文明发展中的难题。西方现代化的最大弊端，就是以资本为中心而不是以人民为中心，追求资本利益最大化而不是服务绝大多数人的利益，导致贫富差距大、两极分化严重。

中国式现代化是物质文明和精神文明相协调的现代化。中国式现代化既要物质财富极大丰富，也要精神财富极大丰富、在思想文化上自信自强。

中国式现代化是人与自然和谐共生的现代化。尊重自然、顺应自然、保护自然，促进人与自然和谐共生，是中国式现代化的鲜明特点。

中国式现代化是走和平发展道路的现代化。坚持和平发展，在坚定维护世界和平与发展中谋求自身发展，又以自身发展更好维护世界和平与发展，推动构建人类命运共同体，是中国式现代化的突出特征。

材料二： 坚持依宪治国、依宪执政，就包括坚持宪法确定的中国共产党领导地位不动摇，坚持宪法确定的人民民主专政的国体和人民代表大会制度的政体不动摇。

问题：

1. 根据材料，围绕宪法对国家基本制度和人民基本权利义务的规定，谈一谈宪法在中国式现代化进程中的推动作用。

2. 结合习近平法治思想，谈一谈你对依宪治国、依宪执政的理解。

答题要求：

1. 无观点或论述、照搬材料原文的不得分；

2. 观点正确，表述完整、准确；

3. 总字数不少于 600 字。

✎ **答题区**

（方格稿纸，共10行，每行约20格，右侧标注"600字"）

参考答案

1.（1）宪法是国家根本法，是党和人民意志的集中体现，是国家各种制度和法律法规的总依据，具有最高的法律地位、法律权威、法律效力。习近平总书记指出："坚持依法治国首先要坚持依宪治国，坚持依法执政首先要坚持依宪执政。"我国宪法以国家根本法的形式，确认了中国共产党领导人民进行革命、建设、改革的伟大斗争和根本成就，确立了国家的根本制度、根本任务、指导思想、领导核心、发展道路、奋斗目标，规定了一系列基本政治、经济、文化、社会制度和重要原则。公民的基本权利和义务是宪法的核心内容。我国宪法坚持以生存权、发展权为首要的基本人权。宪法是每个公民享有权利、履行义务的根本保证。

（2）中国式现代化既有各国现代化的共同特征，更有基于自己国情的中国特色。宪法在推进中国式现代化进程中能够发挥有力的引领、规范、保障作用。首先，我国宪法有力地坚持中国共产党的领导，建设有中国特色的社会主义现代化国家，确保了中国式现代化的社会主义方向；其次，宪法有力保障了人民当家作主，促进了人权事业发展，确保了中国式现代化能够以人民为中心，最终实现共同富裕，让现代化的成果更多更公平惠及全体人民；再次，宪法规定了环境保护制度，秉持可持续发展理念，推进生态环境立法，以严格的法律制度保护生态环境，确保了中国式现代化能够坚持人与自然和谐发展；最后，宪法秉持和平共处五项原则，坚持和平发展道路，高举和平、发展、合作、共赢旗帜，坚定维护以联合国为核心的国际体系，坚定维护以国际法为基础的国际秩序，积极参与国际规则制定，确保了中国式现代化是走和平发展道路的现代化。

2. （1）习近平法治思想是着眼中华民族伟大复兴战略全局和当今世界百年未有之大变局，顺应实现中华民族伟大复兴时代要求应运而生的重大理论创新成果，是马克思主义法治理论中国化最新成果。习近平法治思想内涵丰富、论述深刻、逻辑严密、系统完备，从历史和现实相贯通、国际和国内相关联、理论和实际相结合上，深刻回答了新时代为什么要实行全面依法治国、怎样实行全面依法治国等一系列重大问题，为深入推进全面依法治国、加快建设社会主义法治国家，运用制度威力应对风险挑战，实现党和国家长治久安，全面建设社会主义现代化国家、以中国式现代化全面推进中华民族伟大复兴，提供了科学指南。

（2）依宪治国、依宪执政是建设社会主义法治国家的首要任务。宪法是国家的根本大法，是治国安邦的总章程，具有最高的法律地位、法律权威、法律效力。习近平总书记指出："宪法是国家的根本法，坚持依法治国首先要坚持依宪治国，坚持依法执政首先要坚持依宪执政。"我国宪法以国家根本法形式，确立了中国特色社会主义道路、中国特色社会主义理论体系、中国特色社会主义制度发展成果，反映了我国各族人民的共同意志和根本利益。

首先，必须全面贯彻实施宪法。全面贯彻实施宪法，是建设社会主义法治国家的首要任务和基础性工作。习近平总书记指出："宪法的生命在于实施，宪法的权威也在于实施。"要大力弘扬宪法精神，将宪法贯彻于依法治国的全过程和各方面。在立法方面，要科学立法，使每一项立法都符合宪法精神；在执法方面，一切国家机关都要严格按照宪法明确的法定权限和要求来行使权力，履行自己的职责和义务；在守法方面，进一步加强宪法宣传教育，使广大人民群众真正认识到宪法不仅是保障公民权利的有力武器，而且是全体公民必须遵循的行为规范。

其次，必须推进合宪性审查工作。完善宪法监督制度，必须积极稳妥推进合宪性审查工作，加强备案审查制度和能力建设，依法撤销和纠正违宪违法的规范性文件，维护宪法权威。全国人大及其常委会和国家有关监督机关要担负起宪法和法律监督职责，加强对宪法和法律实施情况的监督检查，健全监督机制和程序，坚决纠正违宪违法行为。要加强宪法解释工作，健全宪法解释程序机制，积极回应涉及宪法有关问题的关切，确保宪法解释准确、可靠。通过健全备案审查制度，使所有的法规、规章、司法解释和各类规范性文件出台后依法依规纳入备案审查范围。

最后，必须深入开展宪法宣传教育。习近平总书记强调："宪法的根基在于人民发自内心的拥护，宪法的伟力在于人民出自真诚的信仰。"要依托国家宪法日活动、宪法宣誓等载体，在全社会广泛开展宪法宣传教育，弘扬宪法精神，在全社会形成尊崇宪法、学习宪法、遵守宪法、运用宪法的良好氛围。坚持从青少年抓起，把宪法法律教育纳入国民教育体系，引导青少年从小掌握宪法法律知识、树立宪法法律意识、养成尊法守法习惯。加强对国家工作人员特别是各级领导干部的宪法教育，使各级领导干部和国家工作人员掌握宪法的基本知识，在宪法的轨道上运用权力。

专 题 一
习近平法治思想的形成发展

一、习近平法治思想形成的时代背景

2020 年 11 月 16 日至 17 日召开的中央全面依法治国工作会议，最重要的成果是明确了习近平法治思想在全面依法治国工作中的指导地位。习近平法治思想深刻回答了新时代为什么要实行全面依法治国、怎样实行全面依法治国等一系列重大问题。

当今世界正经历百年未有之大变局，经济全球化遭遇逆流，保护主义、单边主义上升，世界经济低迷，国际贸易和投资大幅萎缩，国际经济、科技、文化发生深刻调整

时代背景

我国正处在中华民族伟大复兴的关键时期，中华民族迎来了从站起来、富起来到强起来的伟大飞跃

我国经济正处在转变发展方式、优化经济结构、转换增长动力的攻关期，经济已由高速增长阶段转向高质量发展阶段，经济长期向好，市场空间广阔，发展韧性强大，正在形成以国内大循环为主体、国内国际双循环相互促进的新发展格局，改革发展稳定任务日益繁重

二、习近平法治思想形成发展的逻辑

习近平法治思想是习近平新时代中国特色社会主义思想的重要组成部分。

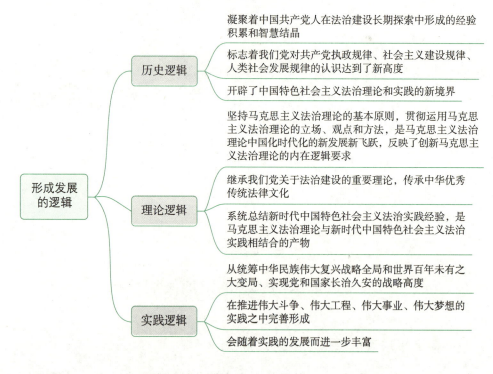

形成发展的逻辑

- **历史逻辑**
  - 凝聚着中国共产党人在法治建设长期探索中形成的经验积累和智慧结晶
  - 标志着我们党对共产党执政规律、社会主义建设规律、人类社会发展规律的认识达到了新高度
  - 开辟了中国特色社会主义法治理论和实践的新境界
- **理论逻辑**
  - 坚持马克思主义法治理论的基本原则，贯彻运用马克思主义法治理论的立场、观点和方法，是马克思主义法治理论中国化时代化的新发展新飞跃，反映了创新马克思主义法治理论的内在逻辑要求
  - 继承我们党关于法治建设的重要理论，传承中华优秀传统法律文化
  - 系统总结新时代中国特色社会主义法治实践经验，是马克思主义法治理论与新时代中国特色社会主义法治实践相结合的产物
- **实践逻辑**
  - 从统筹中华民族伟大复兴战略全局和世界百年未有之大变局、实现党和国家长治久安的战略高度
  - 在推进伟大斗争、伟大工程、伟大事业、伟大梦想的实践之中完善形成
  - 会随着实践的发展而进一步丰富

三、习近平法治思想的鲜明特色

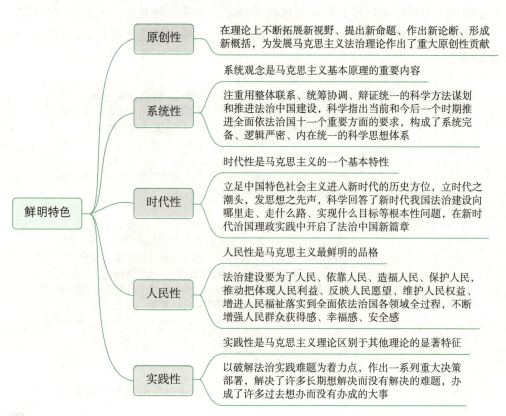

鲜明特色

- **原创性**
  - 在理论上不断拓展新视野、提出新命题、作出新论断、形成新概括，为发展马克思主义法治理论作出了重大原创性贡献
- **系统性**
  - 系统观念是马克思主义基本原理的重要内容
  - 注重用整体联系、统筹协调、辩证统一的科学方法谋划和推进法治中国建设，科学指出当前和今后一个时期推进全面依法治国十一个重要方面的要求，构成了系统完备、逻辑严密、内在统一的科学思想体系
- **时代性**
  - 时代性是马克思主义的一个基本特性
  - 立足中国特色社会主义进入新时代的历史方位，立时代之潮头，发思想之先声，科学回答了新时代我国法治建设向哪里走、走什么路、实现什么目标等根本性问题，在新时代治国理政实践中开启了法治中国新篇章
- **人民性**
  - 人民性是马克思主义最鲜明的品格
  - 法治建设要为了人民、依靠人民、造福人民、保护人民，推动把体现人民利益、反映人民愿望、维护人民权益、增进人民福祉落实到全面依法治国各领域全过程，不断增强人民群众获得感、幸福感、安全感
- **实践性**
  - 实践性是马克思主义理论区别于其他理论的显著特征
  - 以破解法治实践难题为着力点，作出一系列重大决策部署，解决了许多长期想解决而没有解决的难题，办成了许多过去想办而没有办成的大事

专 题 二
习近平法治思想的重大意义

一、习近平法治思想是马克思主义法治理论同中国法治建设具体实际相结合、同中华优秀传统法律文化相结合的最新成果

马克思主义法治理论深刻揭示了法的本质特征、发展规律，科学阐明了法的价值和功能、法的基本关系等根本问题，在人类历史上首次把对法的认识真正建立在科学的世界观和方法论基础上。中国共产党在一百多年的革命、建设、改革历程中，始终坚持把马克思主义基本原理同中国具体实际相结合、同中华优秀传统文化相结合，不断推进马克思主义中国化、时代化。

习近平法治思想是马克思主义法治理论中国化的最新成果。习近平法治思想坚持马克思主义立场、观点、方法，坚持科学社会主义基本原则，植根于中华优秀传统法律文化，借鉴人类法治文明有益成果，在理论上有许多重大突破、重大创新、重大发展，同我们党长期形成的法治理论既一脉相承又与时俱进，为发展马克思主义法治理论作出了重大原创性、集成性贡献。

二、习近平法治思想是对党领导法治建设丰富实践和宝贵经验的科学总结

法治是中国共产党和中国人民的不懈追求。

我们党自成立之日起就高度重视法治建设。新民主主义革命时期，我们党制定了《中华苏维埃共和国宪法大纲》和大量法律法令，创造了"马锡五审判方式"，为建立新型法律制度积累了实践经验。

社会主义革命和建设时期，我们党领导人民制定了宪法和国家机构组织法、选举法、婚姻法等一系列重要法律法规，建立起社会主义法制框架体系，确立了社会主义司法制度。

改革开放和社会主义现代化建设时期，我们党提出"有法可依、有法必依、执法必严、违法必究"的方针，确立依法治国基本方略，把建设社会主义法治国家确定为社会主义现代化的重要目标，逐步形成以宪法为核心的中国特色社会主义法律体系。

党的十八大以来，党中央把全面依法治国纳入"四个全面"战略布局予以有力推进，对全面依法治国作出一系列重大决策部署，组建中央全面依法治国委员会，

完善党领导立法、保证执法、支持司法、带头守法制度，基本形成全面依法治国总体格局。

习近平法治思想以新的高度、新的视野、新的认识赋予中国特色社会主义法治建设事业以新的时代内涵，深刻回答了事关新时代我国社会主义法治建设的一系列重大问题，实现了中国特色社会主义法治理论的历史性飞跃；既是提炼升华党领导法治建设丰富实践和宝贵经验的重大理论创新成果，更是引领新时代全面依法治国不断从胜利走向新的胜利的光辉思想旗帜。

三、习近平法治思想是在法治轨道上全面建设社会主义现代化国家的根本遵循

党的十八大以来，总书记着眼国家治理面临的新形势新任务，明确要求坚持全面依法治国，体现我国国家制度和国家治理体系的显著优势，为巩固和发展"中国之治"提供重要保障。习近平法治思想贯穿经济、政治、文化、社会、生态文明建设各个领域，涵盖改革发展稳定、内政外交国防、治党治国治军各个方面，为深刻认识全面依法治国在治国理政中的重要地位提供了科学指引，为推进国家治理体系和治理能力现代化、建设更高水平的法治中国提供了根本遵循。

当前，我们已开启全面建设社会主义现代化国家新征程，要坚持以习近平法治思想为指导，更好发挥法治固根本、稳预期、利长远的保障作用，及时把推动改革、促进发展、维护稳定的成果以法律形式固化下来，推动各方面制度更加成熟、日臻完善，为夯实"中国之治"提供稳定的制度保障。

四、习近平法治思想是引领法治中国建设实现高质量发展的思想旗帜

全面依法治国是一项长期而重大的历史任务，也是一场深刻的社会变革，必须以科学的理论为指导。习近平法治思想从全面建设社会主义现代化国家的目标要求出发，立足新发展阶段、贯彻新发展理念、构建新发展格局的实际需要，提出了当前和今后一个时期全面依法治国的目标任务，为实现新时代法治中国建设高质量发展提供了强有力的思想武器。

要毫不动摇地坚持习近平法治思想在全面依法治国工作中的指导地位，把习近平法治思想贯彻落实到全面依法治国全过程和各方面，转化为做好全面依法治国各项工作的强大动力，转化为推进法治中国建设的思路举措，转化为建设社会主义法治国家的生动实践，不断开创法治中国建设新局面。

专题 三

坚持党对全面依法治国的领导

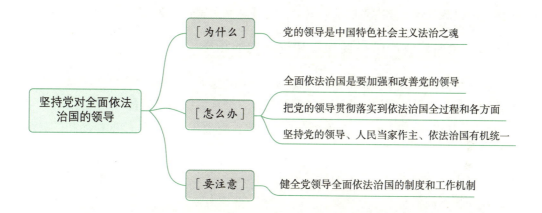

一、党的领导是中国特色社会主义法治之魂

（一）一般论述：党的领导对于中国特色社会主义事业整体的意义

1. 党政军民学、东西南北中，党是领导一切的。

2. ［正面论述］中国共产党是中国特色社会主义事业的坚强领导核心，是最高政治领导力量，各个领域、各个方面都必须坚定自觉地坚持党的领导。

3. ［反面论述］只有始终坚持党对一切工作的领导，才能在更高水平上实现全党全社会思想上的统一、政治上的团结、行动上的一致，才能进一步增强党的创造力、凝聚力、战斗力，才能为夺取新时代中国特色社会主义伟大胜利提供根本政治保证。

（二）党的领导对于社会主义法治的意义

1. ［概述］坚持党的领导，是社会主义法治的根本要求，是党和国家的根本所在、命脉所在，是全国各族人民的利益所系、幸福所系，是全面推进依法治国的题中应有之义。

2. ［领袖语录］习近平总书记强调："全党同志必须牢记，党的领导是我国社会主义法治之魂，是我国法治同西方资本主义国家法治最大的区别。离开了党的领导，全面依法治国就难以有效推进，社会主义法治国家就建不起来。"

3. ［正面论述：保证］党的领导是中国特色社会主义最本质的特征，是社会主义法治最根本的保证。

4. ［正面论述：一致］党的领导和社会主义法治是一致的；社会主义法治必须坚持党的领导，党的领导必须依靠社会主义法治。

5. ［反面论述：离不开］全面推进依法治国，建设社会主义法治国家，只有在党的领导下才能有目的、有步骤、有秩序地进行。

6. ［反面论述：巩固和改善］全面推进依法治国，建设社会主义法治国家，绝不是要虚化、弱化甚至动摇、否定党的领导，而是为了进一步巩固党的执政地位、改善党的执政方式、提高党的执政能力，保证党和国家长治久安。

二、全面依法治国是要加强和改善党的领导

全面依法治国，必须坚持党总揽全局、协调各方的领导核心地位不动摇；必须不断加强和改善党的领导，巩固党的执政地位，完成党的执政使命。

（一）加强和改善党对全面依法治国的领导，是由全面依法治国的性质和任务决定的

习近平总书记指出："全面推进依法治国是一个系统工程，是国家治理领域一场广泛而深刻的革命。"

1. "深刻革命"意味着许多改革事项都是难啃的"硬骨头"，迫切需要党中央层面加强顶层设计、统筹协调，需要加强各级党委加强对法治工作的组织领导和政治引领。

2. "系统工程"不仅意味着全面依法治国具有复杂性、长期性、艰巨性，涉及经济建设、政治建设、文化建设、社会建设、生态文明建设、国防军队建设、党的建设等领域，涉及改革发展稳定、内政外交国防、治党治国治军各个方面，而且意味着全面依法治国是长期历史任务；只有发挥党总揽全局、协调各方的领导核心作用，才能完成全面依法治国这一"系统工程"的总规划，才能实现全面依法治国的总目标。

（二）加强和改善党对全面依法治国的领导，是由党的领导和社会主义法治的一致性决定的

1. 立法层面

全面推进依法治国需要通过法定程序把党的意志转化为国家意志，把党的路线方针政策转化为国家的法律法规。只有坚持党的领导，才能使立法符合党的基本理论、基本路线、基本方略，符合国家经济社会发展战略，适应全面深化改革需要。

2. 法的实施层面

党带头厉行法治，把法治作为治国理政的基本方式，各级党组织和广大党员带头模范守法，才能在全社会普遍形成尊法守法风尚，为社会主义法治建设创造浓厚氛围。

三、坚持党的领导、人民当家作主、依法治国有机统一

（一）很重要

1. ［概述：定性］坚持党的领导、人民当家作主、依法治国有机统一，是对中国特色社会主义法治本质特征的科学概括，是对中国特色社会主义民主法治发展规律的本质把握。

2. ［历史经验］把坚持党的领导、人民当家作主、依法治国有机统一起来是我国社会主义法治建设的一条基本经验。

3. ［宪法规定］我国宪法以根本法的形式反映了党带领人民进行革命、建设、改革取得的成果，确立了在历史和人民选择中形成的中国共产党的领导地位。

4. ［分述］党的领导是人民当家作主和依法治国的根本保证，人民当家作主是社会主义民主政治的本质特征，依法治国是党领导人民治理国家的基本方式，三者统一于我国社会主义民主政治伟大实践。

（二）怎么办

1. ［党的领导是根本］坚持党的领导、人民当家作主、依法治国有机统一，最根本的是坚持党的领导。只有坚持党的领导，人民当家作主才能充分实现，国家和社会生活制度化、法治化才能有序推进。

2. ［人民代表大会制度］人民代表大会制度是坚持党的领导、人民当家作主、依法治国有机统一的根本制度安排。

（1）人民代表大会制度是实现党的领导和执政的制度载体和依托，是人民当家作主的根本途径和实现形式；

（2）必须充分发挥人民代表大会制度的根本政治制度作用，保证各级人大都由民主选举产生、对人民负责、受人民监督，保证各级国家行政机关、监察机关、审判机关、检察机关都由人大产生、对人大负责、受人大监督；

（3）通过人民代表大会制度，弘扬社会主义法治精神，依照人大及其常委会制定的法律法规来展开和推进国家各项事业和各项工作，实现国家各项工作法治化。

四、坚持党领导立法、保证执法、支持司法、带头守法

把党的领导贯彻落实到全面依法治国全过程和各方面，一方面，要坚持党总揽全局、协调各方的领导核心作用，统筹依法治国各领域工作，确保党的主张贯彻到依法治国全过程和各方面；另一方面，要改善党对依法治国的领导，不断提高党领导依法治国的能力和水平。

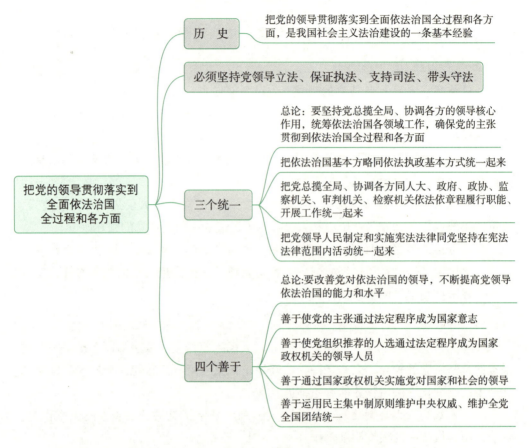

五、健全党领导全面依法治国的制度和工作机制

加强党对全面依法治国的领导，必须健全党领导全面依法治国的制度和工作机制，完善党制定全面依法治国方针政策的工作机制和程序，加强党对全面依法治国的集中统一领导。

1. 必须推进党的领导制度化、法治化，通过法治保障党的路线方针政策有效实施。

2. 成立中央全面依法治国委员会，目的就是从体制机制上加强党对全面依法治国的集中统一领导，统筹推进全面依法治国工作；这既是加强党的领导的应有之义，也是法治建设的重要任务。

3. 充分发挥各级党委的领导核心作用，把法治建设真正摆在全局工作的突出位置，与经济社会发展同部署、同推进、同督促、同考核、同奖惩。

4. 各级党委要健全党领导依法治国的制度和工作机制，履行对本地区本部门法治工作的领导责任。

5. 党委政法委员会是党委领导和管理政法工作的职能部门，是实现党对政法工作领导的重要组织形式，要带头在宪法法律范围内活动，善于运用法治思维和法治方式领导政法工作。

专题 四
坚持依法治网

[概述] 网络空间不是"法外之地"，同样要讲法治。网络空间是虚拟的，但运用网络空间的主体是现实的。习近平总书记指出："网络空间同现实社会一样，既要提倡自由，也要保持秩序。自由是秩序的目的，秩序是自由的保障。"既要尊重网民交流思想、表达意愿的权利，也要依法构建良好网络秩序。这有利于保障广大网民的合法权益。网络空间是亿万民众共同的精神家园。要本着对社会负责、对人民负责的态度，在加强网络内容建设、网络正面宣传的同时，依法加强网络空间治理。要把依法治网作为基础性手段，推动依法管网、依法办网、依法上网，确保互联网在法治轨道上健康运行。

[互联网领域立法] 加快制定完善互联网领域法律法规。要加强信息技术领域立法，及时跟进研究数字经济、互联网金融、人工智能、大数据、云计算等相关法律制度，完善互联网信息内容管理、关键信息基础设施保护等法律法规，抓紧补齐短板。

[数据安全管理] 依法加强数据安全管理。加大个人信息保护力度，规范互联网企业和机构对个人信息的采集使用，特别是做好数据跨境流动的安全评估和监管。一些涉及国家利益、国家安全的数据，很多掌握在互联网企业手里，企业必须保证这些数据安全。要加强关键信息基础设施安全保护，强化国家关键数据资源保护能力，增强数据安全预警和溯源能力。制定数据资源确权、开放、流通、交易相关制度，完善数据产权保护制度。加大对技术专利、数字版权、数字内容产品及个人隐私等的保护力度，维护广大人民群众利益、社会稳定、国家安全。加强国际数据治理政策储备和治理规则研究，提出中国方案。

[打击网络违法犯罪] 依法严厉打击网络违法犯罪行为。对利用网络鼓吹推翻国家政权、煽动宗教极端主义、宣扬民族分裂思想、教唆暴力恐怖活动等行为，要坚决制止和打击。对利用网络进行欺诈活动、散布色情材料、进行人身攻击、兜售非法物品等言行，要坚决管控和治理，决不能任其大行其道。没有哪个国家会允许这样的行为泛滥开来。对网络黑客、电信网络诈骗、侵犯公民个人隐私等违法犯罪行为，要切断网络犯罪利益链条，持续形成高压态势，维护人民群众合法权益。

[网络空间国际合作] 共同维护网络空间和平安全。随着世界多极化、经济全球化、文化多样化、社会信息化深入发展，互联网对人类文明进步将发挥更大的促进作用。同时，互联网领域发展不平衡、规则不健全、秩序不合理等问题日益凸显。

不同国家和地区信息鸿沟不断拉大，现有网络空间治理规则难以反映大多数国家的意愿和利益；世界范围内侵害个人隐私、侵犯知识产权、网络犯罪等行为时有发生，网络监听、网络攻击、网络恐怖主义活动等成为全球公害。要倡导尊重网络主权，加强对话交流，有效管控分歧，同各国一道推动制定各方普遍接受的网络空间国际规则，制定网络空间国际反恐公约，健全打击网络犯罪司法协助机制。

专题五
坚持依法治国、依法执政、依法行政共同推进，法治国家、法治政府、法治社会一体建设

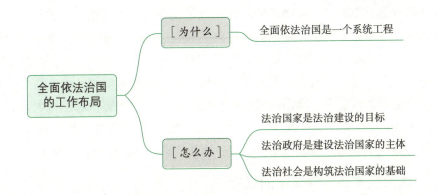

一、全面依法治国是一个系统工程

全面依法治国涉及改革发展稳定、内政外交国防、治党治国治军等各个领域，必须立足全局和长远来统筹谋划。习近平总书记强调："全面推进依法治国是一项庞大的系统工程，必须统筹兼顾、把握重点、整体谋划，在共同推进上着力，在一体建设上用劲。"

系统观念是具有基础性的思想和工作方法。要坚持系统观念，准确把握全面依法治国工作布局，坚持依法治国、依法执政、依法行政共同推进，法治国家、法治政府、法治社会一体建设。依法治国、依法执政、依法行政是一个有机整体，关键在于党要坚持依法执政、各级政府要坚持依法行政。法治国家、法治政府、法治社会三者各有侧重、相辅相成：法治国家是法治建设的目标，法治政府是建设法治国家的主体，法治社会是构筑法治国家的基础。全面依法治国，必须着眼全局、统筹兼顾，更加注重系统性、整体性、协同性。

党的十八大以来，我们党紧紧围绕中国特色社会主义事业总体布局，对全面依法治国作了系统谋划，统筹考虑国际国内形势、法治建设进程和人民群众法治需求，同推进国家治理体系和治理能力现代化的要求相协同，同我国发展的战略目标相适应，确立了全面依法治国的顶层设计，提出了建设中国特色社会主义法治体系、建设社会主义法治国家的总目标，明确了法治中国、法治政府、法治社会建设的路线图、施工图、时间表，全面推进科学立法、严格执法、公正司法、全民守法。这一

系列重大决策部署，既充分肯定了我国社会主义法治建设的成就和经验，又针对现实问题提出了富有改革创新精神的新观点新举措；既抓住了法治建设的关键，又体现了党和国家事业发展全局要求；既高屋建瓴、搞好顶层设计，又脚踏实地、做到切实管用；既讲近功，又求长效，不断推进全面依法治国整体发力、协同发展。

全面依法治国，必须系统谋划推进法治领域改革。全面建成小康社会后，我们开启了全面建设社会主义现代化国家新征程，我国发展环境面临深刻复杂变化，发展不平衡、不充分的问题仍然突出，经济社会发展中矛盾错综复杂，必须从系统观念出发加以谋划和解决，全面协调推动各领域工作和社会主义现代化建设。法治领域改革涉及的主要是公检法司等国家政权机关和强力部门，社会关注度高，改革难度大，更需要自我革新的胸襟。如果心中只有自己的"一亩三分地"，拘泥于部门权限和利益，甚至在一些具体问题上讨价还价，必然是磕磕绊绊、难有作为。只要有利于提高党的执政能力、巩固党的执政地位，有利于维护宪法和法律的权威，有利于维护人民权益、维护公平正义、维护国家安全稳定，不管遇到什么阻力和干扰，都要坚定不移向前推进，决不能避重就轻、拣易怕难、互相推诿、久拖不决。

二、法治国家是法治建设的目标

建设社会主义法治国家，是我们党确定的建设社会主义现代化国家的重要目标。习近平总书记指出："一个现代化国家必然是法治国家。"历史和现实都告诉我们，法治兴则国兴，法治强则国强。

从我国古代看，凡属盛世都是法制相对健全的时期。近代以后，我国仁人志士也认识到了这个问题，自戊戌变法和清末修律起，中国人一直在呼吁法制，但在当时的历史条件和政治条件下，仅仅靠法制是不能改变旧中国社会性质和中国人民悲惨命运的。

我们党执政七十多年来，越来越深刻认识到，治国理政须臾离不开法治。党的十八届四中全会明确提出，全面推进依法治国，总目标是建设中国特色社会主义法治体系，建设社会主义法治国家。这就是，在中国共产党领导下，坚持中国特色社会主义制度，贯彻中国特色社会主义法治理论，形成完备的法律规范体系、高效的法治实施体系、严密的法治监督体系、有力的法治保障体系，形成完善的党内法规体系，坚持依法治国、依法执政、依法行政共同推进，坚持法治国家、法治政府、法治社会一体建设，实现科学立法、严格执法、公正司法、全民守法，促进国家治理体系和治理能力现代化。这既明确了全面推进依法治国的性质和方向，又突出了全面推进依法治国的工作重点和总抓手，对全面推进依法治国具有纲举目张的意义。依法治国各项工作都要围绕这个总目标来部署、来展开。

三、法治政府是建设法治国家的主体

全面依法治国，法治政府建设要率先突破。习近平总书记强调："推进全面依法治国，法治政府建设是重点任务和主体工程，对法治国家、法治社会建设具有示范带动作用。"必须深入推进依法行政，加快建设法治政府，构建职责明确、依法行政的政府治理体系。

现在，法治政府建设还有一些难啃的硬骨头，依法行政观念不牢固、行政决策合法性审查走形式等问题还没有得到根本解决。各级政府必须坚持在党的领导下、在法治轨道上开展工作，创新执法体制，完善执法程序，推进综合执法，严格执法责任，建立权责统一、权威高效的依法行政体制，加快建设职能科学、权责法定、执法严明、公开公正、智能高效、廉洁诚信、人民满意的法治政府。

权力必须关进制度的笼子，要用法治给行政权力定规矩、划界限。完善行政组织和行政程序法律制度，推进机构、职能、权限、程序、责任法定化，推进各级政府事权规范化、法律化。行政机关不得法外设定权力，没有法律法规依据不得作出减损公民、法人和其他组织合法权益或者增加其义务的决定。推行政府权责清单制度，坚决消除权力设租寻租空间。

市场经济是法治经济，要用法治来规范政府和市场的边界。现在，有些地方政府部门仍然热衷于直接配置资源、直接干预微观经济活动，导致部分产能过剩、地方债务和金融风险累积等问题多发。要用法律和制度遏制一些政府部门不当干预经济的惯性和冲动，解决好政府职能越位、缺位、错位的问题。无论是化解地方隐性债务，还是处理"僵尸企业"、淘汰落后产能等，都要依法依规解决，不能简单依靠行政命令和手段。要根据新发展阶段的特点，围绕推动高质量发展、构建新发展格局，加快转变政府职能，加快打造市场化、法治化、国际化营商环境，打破行业垄断和地方保护，打通经济循环堵点，推动形成全国统一、公平竞争、规范有序的市场体系。

健全依法决策机制。推动领导干部特别是主要负责同志掌握法治思维和法治方式，完善决策制度，规范决策程序。要加大决策合法性审查力度，法律顾问和公职律师参与决策过程、提出法律意见应当成为依法决策的重要程序，保证法律顾问在制定重大行政决策、推进依法行政中发挥积极作用。要健全重大决策充分听取民意工作机制，审议涉及群众切身利益、群众反映强烈的重大议题，要依法依程序进行，该公示的公示，该听证的听证，决不允许搞"暗箱操作""拍脑门决策"。

加强对政府内部权力的制约。要对财政资金分配使用、国有资产监管、政府投资、政府采购、公共资源转让、公共工程建设等权力集中的部门和岗位实行分事行权、分岗设权、分级授权，定期轮岗，强化内部流程控制，防止权力滥用；完善政

府内部层级监督和专门监督；保障依法独立行使审计监督权。

全面推进政务公开。推进决策公开、执行公开、管理公开、服务公开、结果公开，重点推进财政预算、公共资源配置、重大建设项目批准和实施、社会公益事业建设等领域的政府信息公开。

研究建立健全行政纠纷解决体系，推动构建行政调解、行政裁决、行政复议、行政诉讼有机衔接的纠纷解决机制，发挥行政机关化解矛盾纠纷的"分流阀"作用。

四、法治社会是构筑法治国家的基础

全面依法治国需要全社会共同参与，需要增强全社会法治观念，必须在全社会弘扬社会主义法治精神，建设社会主义法治文化。习近平总书记强调："只有全体人民信仰法治、厉行法治，国家和社会生活才能真正实现在法治轨道上运行。"要在全社会树立法律权威，使人民认识到法律既是保障自身权利的有力武器，也是必须遵守的行为规范；广泛开展依法治理活动，提高社会治理法治化水平，培育社会成员办事依法、遇事找法、解决问题用法、化解矛盾靠法的良好环境。

法律要发挥功能，需要全社会信仰法律。如果一个社会大多数人对法律没有信任感，认为靠法律解决不了问题，解决问题还是要靠上访、信访，要靠找门路、托关系，甚至要采取聚众闹事等极端行为，那就不可能建成法治社会。要引导全体人民遵守法律，有问题依靠法律来解决，决不能让那种大闹大解决、小闹小解决、不闹不解决现象蔓延开来，否则就没有什么法治可言。要以实际行动让老百姓相信法不容情、法不阿贵，只要是合理合法的诉求，就能通过法律程序得到合理合法的结果。

古人说："消未起之患、治未病之疾，医之于无事之前。"法治建设既要抓末端、治已病，更要抓前端、治未病。我国国情决定了我们不能成为"诉讼大国"。一个有着十四亿多人口的大国，如果大大小小的事都要打官司，那必然不堪重负！因此，要推动更多法治力量向引导和疏导端用力，完善预防性法律制度，完善调解、信访、仲裁、行政裁决、行政复议、诉讼等社会矛盾纠纷多元预防调处化解综合机制。要整合基层矛盾纠纷化解资源和力量，发挥市民公约、乡规民约等基层规范在社会治理中的作用，完善非诉讼纠纷解决机制。加快建设覆盖城乡、便捷高效、均等普惠的现代公共法律服务体系，统筹推进律师、公证、法律援助、司法鉴定、调解、仲裁等工作改革方案，让人民群众切实感受到法律服务更加便捷。

加快实现社会治理法治化，依法防范风险、化解矛盾、维护权益，营造公平、透明、可预期的法治环境。善于把党的领导和我国社会主义制度优势转化为社会治理效能，完善党委领导、政府负责、社会协同、公众参与、法治保障的社会治理体

制。群防群治和小事不出村、大事不出镇、矛盾不上交是枫桥创造的基层治理经验，要坚持和发展新时代"枫桥经验"，加快形成共建共治共享的现代基层社会治理新格局。

　　加强法治乡村建设是实施乡村振兴战略、推进全面依法治国的基础性工作。要把政府各项涉农工作纳入法治化轨道，完善农村法律服务，积极推进法治乡村建设。加强农村法治宣传教育，教育引导农村广大干部群众尊法学法守法用法，依法表达诉求、解决纠纷、维护权益。健全自治、法治、德治相结合的乡村治理体系，让农村社会既充满活力又和谐有序。要深入推进平安乡村建设，加快完善农村治安防控体系，依法严厉打击危害农村稳定、破坏农业生产和侵害农民利益的违法犯罪活动。特别是对农村黑恶势力，要集中整治、重拳出击。

专 题 六

坚持全面推进科学立法、严格执法、公正司法、全民守法

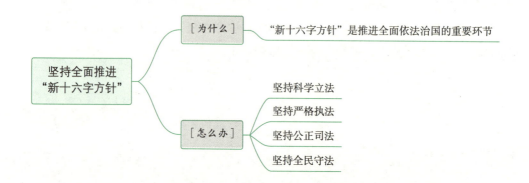

一、科学立法、严格执法、公正司法、全民守法是推进全面依法治国的重要环节

全面依法治国是一项长期而重大的历史任务，必须从法治工作实际出发，切实把握好法治建设各环节的工作规律。

1. 党的十一届三中全会确立了"有法可依、有法必依、执法必严、违法必究"的社会主义法制建设的"十六字方针"。

2. 党的十八大把法治建设摆在了更加突出的位置，强调全面推进依法治国，明确提出法治是治国理政的基本方式，要推进科学立法、严格执法、公正司法、全民守法。

3. 习近平总书记在党的十九大报告中指出，全面依法治国是国家治理的一场深刻革命，必须坚持厉行法治，推进科学立法、严格执法、公正司法、全民守法。

"科学立法、严格执法、公正司法、全民守法"是全面依法治国的重要环节，成为指引新时代法治中国建设的"新十六字方针"。

二、推进科学立法

法律是治国之重器，良法是善治之前提。

习近平总书记强调："人民群众对立法的期盼，已经不是有没有，而是好不好、管用不管用、能不能解决实际问题；不是什么法都能治国，不是什么法都能治好国；

越是强调法治，越是要提高立法质量。"这些话是有道理的。我们要完善立法规划，突出立法重点，坚持立改废并举，提高立法科学化、民主化水平，提高法律的针对性、及时性、系统性。要完善立法工作机制和程序，扩大公众有序参与，充分听取各方面意见，使法律准确反映经济社会发展要求，更好协调利益关系，发挥立法的引领和推动作用。

建设中国特色社会主义法治体系，必须坚持立法先行，深入推进科学立法、民主立法、依法立法，提高立法质量和效率，以良法促进发展、保障善治。

三、推进严格执法

执法是行政机关履行政府职能、管理经济社会事务的主要方式。

习近平总书记指出："法律的生命力在于实施。如果有了法律而不实施，或者实施不力，搞得有法不依、执法不严、违法不究，那制定再多法律也无济于事。"

1. 要加强宪法和法律实施，维护社会主义法制的统一、尊严、权威，形成人们不愿违法、不能违法、不敢违法的法治环境，做到有法必依、执法必严、违法必究。

2. 行政机关是实施法律法规的重要主体，要带头严格执法。

3. 要加强对执法活动的监督，严禁过度执法、逐利执法、粗暴执法。坚决排除对执法活动的非法干预，坚决防止和克服地方保护主义和部门保护主义。坚决惩治腐败现象，做到有权必有责、用权受监督、违法必追究。

4. 要加强行政执法与刑事司法有机衔接，坚决克服有案不移、有案难移、以罚代刑等现象。

5. 要健全行政纠纷解决体系，推动构建行政调解、行政裁决、行政复议、行政诉讼有机衔接的纠纷解决机制。

四、推进公正司法

司法是社会公平正义的最后一道防线。

习近平总书记指出："所谓公正司法，就是受到侵害的权利一定会得到保护和救济，违法犯罪活动一定要受到制裁和惩罚。"

1. 各级司法机关要紧紧围绕努力让人民群众在每一个司法案件中都感受到公平正义这个目标改进工作，坚持做到严格司法、规范司法。

2. 要改进司法工作作风，通过热情服务切实解决好老百姓打官司难问题，特别是要加大对困难群众维护合法权益的法律援助。加大司法公开力度，以回应人民群众对司法公正公开的关注和期待。

3. 要紧紧抓住影响司法公正、制约司法能力的深层次问题，深化司法体制和工作机制改革，加强党对司法工作的领导，确保审判机关、检察机关依法独立公正行使审判权、检察权，全面落实司法责任制。

4. 健全公安机关、检察机关、审判机关、司法行政机关各司其职，侦查权、检察权、审判权、执行权相互配合、相互制约的体制机制。

5. 强化诉讼过程中当事人和其他诉讼参与人的知情权、陈述权、辩护辩论权、申请权、申诉权的制度保障，加强对刑事诉讼、民事诉讼、行政诉讼的法律监督。

6. 完善人民监督员制度，依法规范司法人员与当事人、律师、特殊关系人、中介组织的接触、交往行为。

五、推进全民守法

法律要发生作用，首先全社会要信仰法律。

习近平总书记指出："全民守法，就是任何组织或者个人都必须在宪法和法律范围内活动，任何公民、社会组织和国家机关都要以宪法和法律为行为准则，依照宪法和法律行使权利或权力、履行义务或职责。"

1. 要深入开展法治宣传教育，在全社会弘扬社会主义法治精神，传播法律知识，培养法律意识，在全社会形成宪法至上、守法光荣的良好社会氛围。要引导全体人民遵守法律，有问题依靠法律来解决，使法治成为社会共识和基本准则。

2. 要突出普法重点内容，全面落实"谁执法谁普法"普法责任制，努力在增强普法的针对性和实效性上下功夫，不断提升全体公民法治意识和法治素养。

3. 要坚持法治教育与法治实践相结合，广泛开展依法治理活动，提高社会治理法治化水平。

4. 要坚持依法治国和以德治国相结合，把法治建设和道德建设紧密结合起来，把他律和自律紧密结合起来，做到法治和德治相辅相成、相互促进。

5. 抓住领导干部这个关键少数。

专 题 七
坚持统筹推进国内法治和涉外法治

一、统筹推进国内法治和涉外法治是全面依法治国的迫切任务

[国际环境] 当今世界正面临百年未有之大变局，国际社会经济发展和地缘政治安全发生深刻变化。

[我国的情况] 当前，随着我国经济实力和综合国力快速增长，对外开放全方位深化，"一带一路"建设深入推进，我国日益走近世界舞台中央，深度融入全球化进程，维护我国国家利益和公民、法人境外合法权益的任务日益繁重。

[一般情况] 国家主权、安全、发展利益是国家核心利益，切实维护国家主权、安全、发展利益是涉外法治工作的首要任务。

[统筹内外的意义] 统筹推进国内法治和涉外法治，协调推进国内治理和国际治理，是全面依法治国的必然要求 [对法治]，是建立以国内大循环为主体、国内国际双循环相互促进的新发展格局的客观需要 [对格局]，是维护国家主权、安全、发展利益的迫切需要 [对国家]。

这就要求在全面依法治国进程中 [背景]，必须统筹运用国内法和国际法 [工具]，加快涉外法治工作战略布局，推进国际法治领域合作，加快推进我国法域外适用的法律体系建设，加强国际法研究和运用，提高涉外工作法治化水平 [措施]，更好地维护国家主权、安全、发展利益，为推动全球治理体系改革、构建人类命运共同体规则体系提供中国方案 [效果]。

二、加快涉外法治工作战略布局

统筹国内国际两个大局是我们党治国理政的基本理念和基本经验，统筹推进国内法治和涉外法治、加快涉外法治工作战略布局即是这一理念和经验在法治领域的具体体现。习近平总书记指出："要加快涉外法治工作战略布局，协调推进国内治理和国际治理，更好维护国家主权、安全、发展利益。"

[立法] 要加快形成系统完备的涉外法律法规体系，积极构建更加完善的涉外经济法律体系，逐步形成法治化、国际化、便利化的营商环境。

[执法司法] 要提升涉外执法司法效能。

[守法] 引导企业、公民在"走出去"过程中更加自觉遵守当地法律法规和风俗习惯，提高运用法治和规则维护自身合法权益的意识和能力。

[斗争] 要加强反制裁、反干涉和反制"长臂管辖"的理论研究和制度建设，努力维护公平公正的国际环境。

[人才] 要加大涉外法治人才培养力度，尽快建设一支精通国内法治和涉外法治、既熟悉党和国家方针政策、了解我国国情，又具有全球视野、熟练运用外语、通晓国际规则的高水平法治人才队伍，为我国参与国际治理提供有力人才支撑。

三、加强对外法治交流合作

法治是人类政治文明的重要成果，是现代社会治理的基本手段；既是国家治理体系和治理能力的重要依托，也是维护世界和平与发展的重要保障。

（一）搞好合作框架

[维护旧的] 要旗帜鲜明地坚定维护以联合国为核心的国际体系，坚定维护以《联合国宪章》的宗旨和原则为基础的国际法基本原则和国际关系基本准则，坚定维护以国际法为基础的国际秩序。

[建设新的] 引导国际社会共同塑造更加公正合理的国际新秩序，推动构建人类命运共同体。

（二）抓住合作重点

[执法重点] 积极参与执法安全国际合作，共同打击暴力恐怖势力、民族分裂势力、宗教极端势力和贩毒走私、跨国有组织犯罪。

[司法重点] 坚持深化司法领域国际合作，完善我国司法协助体制，扩大国际司法协助覆盖面。加强反腐败国际合作，加大海外追赃追逃、遣返引渡力度。

[对外宣传] 推进对外法治宣传，讲好中国法治故事。要加强对外法治话语和叙事体系建设，注重中外融通，创新对外法治话语表达方式，更加鲜明地展示中国法治道路。

（三）提高工作能力

法治是国家核心竞争力的重要内容。涉外法治工作涉及面广、环节众多，涵盖国内法、国别法、国际法等各个领域、不同层次，体现在国家立法、执法、司法和守法等各个重要环节中。

[斗争能力] 要提高国际法斗争能力，坚持国家主权平等，坚持反对任何形式的霸权主义，坚持推进国际关系民主化法治化，综合利用立法、执法、司法等法治手段开展斗争，坚决维护国家主权、安全、发展利益。

[规则制定能力] 要主动参与并努力引领国际规则制定，对不公正不合理、不符合国际格局演变大势的国际规则、国际机制提出中国的改革方案，推动形成公正、合理、透明的国际规则体系，提高我国在全球治理体系变革中的话语权和影响力。

四、为构建人类命运共同体提供法治保障

党的十八大以来，习近平总书记着眼中国人民和世界人民的共同利益，高瞻远瞩地提出构建人类命运共同体重要理念。这一重要理念已被列为新时代坚持和发展中国特色社会主义的基本方略写入党章和宪法，并已被多次写入联合国文件，正在从理念转化为行动，产生日益广泛而深远的国际影响，成为中国引领时代潮流和人类文明进步方向的鲜明旗帜。

构建人类命运共同体，必须坚持民主、平等、正义，建设国际法治。中国是联合国创始会员国，是第一个在联合国宪章上签字的国家。我们要坚定维护以联合国为核心的国际体系，坚定维护以国际法为基础的国际秩序，为运用法治思维和法治方式推动构建人类命运共同体贡献中国智慧和中国方案。

《联合国宪章》的宗旨和原则是处理国际关系的根本遵循，也是国际秩序稳定的重要基石，必须毫不动摇加以维护。没有这些国际社会共同制定、普遍公认的国际法则，世界最终将滑向弱肉强食的丛林法则，给人类带来灾难性后果。各国关系和利益只能以制度和规则加以协调，不能谁的拳头大就听谁的。我们要坚定维护联合国权威和地位，坚定维护联合国在国际事务中的核心作用。要继续做国际和平事业的捍卫者，坚持按照《联合国宪章》的宗旨、原则和国际关系准则，按照事情本身的是非曲直处理问题，释放正能量，推动建设相互尊重、公平正义、合作共赢的新型国际关系。

积极参与国际规则制定，做全球治理变革进程的参与者、推动者、引领者。当今世界，全球治理体制变革正处在历史转折点上。数百年来，列强通过战争、殖民、划分势力范围等方式争夺利益和霸权，逐步向各国以制度规则协调关系和利益的方式演进。世界上的事情越来越需要各国共同商量着办，建立国际机制、遵守国际规则、追求国际正义成为多数国家的共识。我们要主动参与并努力引领国际规则制定，推动形成公正、合理、透明的国际规则体系，提高我国在全球治理体系变革中的话语权和影响力。对不公正不合理、不符合国际格局演变大势的国际规则和国际机制，要提出改革方案，推动全球治理变革。坚定维护多边主义，坚持开放包容，不搞封闭排他，共同维护世界和平稳定。

提高国际法在全球治理中的地位和作用，确保国际规则的有效遵守和实施。"法者，天下之准绳也。"在国际社会中，法律应该是共同的准绳，没有只适用于他人、不适用于自己的法律，也没有只适用于自己、不适用于他人的法律。各国都有责任维护国际法治权威，依法行使权利，善意履行义务。各国和国际司法机构应该共同维护国际法和国际秩序的权威性和严肃性，不能"合则用，不合则弃"，真正做到"无偏无党，王道荡荡"。大国更应该带头做国际法治的倡导者和维护者，遵信守诺，不搞例外主义，不搞双重标准，也不能歪曲国际法，以法治之名侵害他国正当权益、破坏国际和平稳定。

专 题 八
坚持抓住领导干部这个"关键少数"

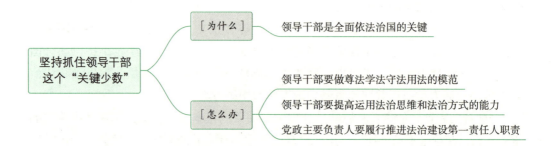

一、领导干部是全面依法治国的关键

领导干部是全面推进依法治国的重要组织者、推动者、实践者，是全面依法治国的关键。

习近平总书记指出："各级领导干部作为具体行使党的执政权和国家立法权、行政权、司法权的人，在很大程度上决定着全面依法治国的方向、道路、进度。党领导立法、保证执法、支持司法、带头守法，主要是通过各级领导干部的具体行动和工作来体现、来实现。因此，高级干部做尊法学法守法用法的模范，是实现全面推进依法治国目标和任务的关键所在。"

领导干部对法治建设既可以起到关键推动作用，也可能起到致命破坏作用。必须把领导干部作为全面依法治国实践的重中之重予以高度重视，牢牢抓住领导干部这个"关键少数"。

各级领导干部要对法律怀有敬畏之心，带头依法办事，带头遵守法律，不断提高运用法治思维和法治方式深化改革、推动发展、化解矛盾、维护稳定、应对风险的能力。

二、领导干部要做尊法学法守法用法的模范 ［带头］

尊崇法治、敬畏法律，是领导干部必须具备的基本素质。

习近平总书记指出："古人说，民'以吏为师'。领导干部尊不尊法、学不学法、守不守法、用不用法，人民群众看在眼里、记在心上，并且会在自己的行动中效法。领导干部尊法学法守法用法，老百姓就会去尊法学法守法用法。"

1. 领导干部必须做尊法的模范，带头尊崇法治、敬畏法律，彻底摒弃人治思想和长官意识，决不搞以言代法、以权压法。

2. 领导干部必须做学法的模范，深入学习贯彻习近平法治思想［学思想］，带头了解法律、掌握法律［学法律］，充分认识法治在推进国家治理体系和治理能力现代化中的重要地位和重大作用［学重要性］。

3. 领导干部必须做守法的模范，牢记法律红线不可逾越、法律底线不可触碰，带头遵纪守法、捍卫法治。

4. 领导干部必须做用法的模范，带头厉行法治、依法办事，真正做到在法治之下而不是法治之外更不是法治之上想问题、作决策、办事情。

三、领导干部要提高运用法治思维和法治方式的能力［能力］

［法治思维］法治思维是基于法治的固有特性（客观）和对法治的信念（主观）来认识事物、判断是非、解决问题的思维方式。

［法治方式］法治方式是运用法治思维处理和解决问题的行为模式。

［和法治实践的交互作用］善用法治思维和法治方式可以促进法治实践，法治实践又会激发人们自觉能动地运用法治思维和法治方式。

［对领导干部的要求］

1. 要守法律、重程序、讲规矩，带头营造办事依法、遇事找法、解决问题用法、化解矛盾靠法的法治环境，善于用法治思维谋划工作，用法治方式处理问题。［程序思维］

2. 要牢记职权法定，牢记权力来自哪里、界线划在哪里，做到法定职责必须为、法无授权不可为。［职权法定思维］

3. 要坚持以人民为中心，牢记法治的真谛是保障人民权益，权力行使的目的是维护人民权益。［保障人权的思维］

4. 要加强对权力运行的制约监督，依法设定权力、规范权力、制约权力、监督权力，把权力关进制度的笼子里。［权力制约的思维］

5. 要把法治素养和依法履职情况作为重要内容纳入干部考核评价，让尊法学法守法用法成为领导干部自觉行为和必备素质。［考核评价机制］

四、党政主要负责人要履行推进法治建设第一责任人职责

党政主要负责人要履行推进法治建设第一责任人职责，这是推进法治建设的重要组织保证。习近平总书记指出："各级领导干部要把责任担起来，不搞花架子、做表面文章，不能一年开一两次会、讲一两次话了事。党政主要负责人要亲力亲为，不能当甩手掌柜。"各级党政主要负责人要对法治建设重要工作亲自部署、重大问题亲自过问、重点环节亲自协调、重要任务亲自督办。

党政主要负责人要切实履行推进法治建设第一责任人职责，自觉坚持和加强对法治建设的领导。要坚持权责一致，确保有权必有责、有责要担当、失责必追究；坚持以身作则、以上率下，带头尊法学法守法用法。统筹推进科学立法、严格执法、公正司法、全民守法工作，每年都确定重点任务，明确完成时间，做到年初有分工、年中有督察、年末有考核、全年有台账。

党委主要负责人在推进法治建设中应当充分发挥党委在推进本地区法治建设中的领导核心作用，定期听取有关工作汇报，及时研究解决有关重大问题，将法治建设纳入地区发展总体规划和年度工作计划，与经济社会发展同部署、同推进、同督促、同考核、同奖惩。政府主要负责人在推进法治建设中应当加强对本地区法治政府建设的组织领导，制定工作规划和年度工作计划，及时研究解决法治政府建设有关重大问题，为推进法治建设提供保障、创造条件。

要完善党政主要负责人履行推进法治建设第一责任人职责的约束机制。党政主要负责人不履行或者不正确履行推进法治建设第一责任人职责的，应当依照《中国共产党问责条例》等有关党内法规和国家法律法规予以问责。

专　题　九
充分发挥法治对经济社会发展的保障作用

一、以法治保障经济发展

1. ［一般论述：经济需要法治］

厉行法治是发展社会主义市场经济的内在要求，也是社会主义市场经济良性运行的根本保障。

2. ［实践：新时代的做法］

中国特色社会主义进入新时代［背景］，党和国家通过完善市场经济法律体系［立法］，深化"放管服"改革［执法］，加强产权保护［重点：执法＋司法］，保障公平竞争，鼓励诚实守信，营造公正、透明、可预期的法治环境，有力保障和促进了经济持续健康发展［效果］。

3. ［理论：习近平］

习近平总书记在中央全面依法治国委员会第一次会议上指出："贯彻新发展理念［发展理念］，实现经济从高速增长转向高质量发展［发展模式］，必须坚持以法治为引领。"习近平总书记在中央全面依法治国委员会第二次会议上强调："法治是最好的营商环境［发展环境］。"

这一系列重要论述，将优化营商环境建设、促进经济高质量发展全面纳入法治化轨道［总结］，把依法平等保护各类市场主体产权和合法权益贯彻到立法、执法、司法、守法等各个环节［平等是原则］，对于构建统一开放、竞争有序的现代市场体系［统一开放、竞争有序］，推进国家治理体系和治理能力现代化［国家治理］，必将产生更加重大而深远的影响。

4. ［未来：继续发展］

［措施1：党的领导］要加强党领导经济工作制度化建设，提高党领导经济工作法治化水平，以法治化方式领导和管理经济。

［措施2：完善立法］要不断完善社会主义市场经济法律制度，加快建立和完善现代产权制度，推进产权保护法治化，加大知识产权保护力度。

［措施3：执法、司法＝平等的营商环境］要积极营造公平有序的经济发展法治环境，依法平等保护各类市场主体合法权益，营造各种所有制主体依法平等使用资源要素、公开公平公正参与竞争、同等受到法律保护的市场环境。

［措施4：《民法典》的实施］要切实贯彻实施好《民法典》，更好地保障人民权益，推进全面依法治国、建设社会主义法治国家。

二、以法治保障政治稳定

1. ［一般论述］

保障政治安全、政治稳定是法律的重要功能。

2. ［十八大以来的实践］

党的十八大以来，党和国家通过修改宪法［措施］，依法保障人民当家作主，依法维护国家政治安全，党心民心进一步提振和凝聚，党的领导地位和人民民主专政政权更加稳固［效果］。

3. ［理论论述］

习近平总书记指出："国际国内环境越是复杂［国际：外部环境］，改革开放和社会主义现代化建设任务越是繁重［国内：内部环境］，越要运用法治思维和法治手段巩固执政地位、改善执政方式、提高执政能力，保障党和国家长治久安。"

4. ［未来发展：措施］

在我国政治生活中，党是居于领导地位的，加强党的集中统一领导［党要领导］，支持人大、政府、政协和监察机关、法院、检察院依法依章程履行职能、开展工作、发挥作用［支持其他］，这两方面是统一的。推进全面依法治国，必须要加强和改善党的领导，健全党领导全面依法治国的制度和工作机制，推进党的领导制度化、法治化，通过法治保障党的路线方针政策有效实施，以法治方式巩固党的执政地位，以党的领导维护和促进政治稳定和国家长治久安。［改善领导］

三、以法治保障文化繁荣

1. ［一般论述］

文化是民族血脉和人民的精神家园，是一个国家的灵魂。

2. ［实践：十八大以来］

党的十八大以来，以习近平同志为核心的党中央紧紧围绕建立健全坚持社会主义先进文化前进方向［方向］、遵循文化发展规律［规律］、有利于激发文化创造力［有活力］、保障人民基本文化权益［有人民］的文化法律制度［围绕目标］，深化文化体制改革［改革体制］，依法保障社会主义文化事业建设［建设事业］，促进社会主义文化大发展、大繁荣［效果］。

3. ［具体：重点］

全国人大常委会决定设立烈士纪念日、中国人民抗日战争胜利纪念日、南京大屠杀死难者国家公祭日，大力弘扬以爱国主义为核心的伟大民族精神。［爱国主义］

4. ［未来发展］

（1）［面对的问题］

当前，我国文化建设进入一个新的发展阶段［新阶段］，文化事业日益繁荣

［事业］，文化产业快速发展［产业］，特别是互联网新技术新应用日新月异［技术］，由此带来的相关法律问题日益突出［法律问题很突出］。

（2）［采取的措施］

［立法］要坚持用社会主义核心价值观引领文化立法，完善社会主义先进文化的法治保障机制，依法规范和保障社会主义先进文化发展方向，进一步完善中国特色社会主义文化法律制度体系。

［实施］要深入推进社会主义文化强国建设，加快公共文化服务体系建设，运用法治方式保障人民文化权益，满足人民群众的基本文化需求。

［重点：网络法治］要坚持依法治网、依法办网、依法上网，加快网络法治建设，加强互联网领域立法，完善网络信息服务、网络安全保护、网络社会管理等方面的法律法规，依法规范网络行为，促进互联网健康有序发展。

四、以法治保障社会和谐

1. ［一般论述］

社会和谐稳定是人民群众的共同心愿［主观］，是改革发展的重要前提［客观］。

随着改革开放和社会主义现代化建设不断推进，我国经济社会发生深刻变化，民生和社会治理领域出现一些新情况、新问题。［新时代、新问题］

妥善处理好这些矛盾和问题，处理好各方面利益关系，充分调动各方面积极性，从根本上还是要靠法律、靠制度。［解决问题靠法律］

2. ［理论论述］

习近平总书记指出："全面推进依法治国，是解决党和国家事业发展面临的一系列重大问题，解放和增强社会活力［社会活力］、促进社会公平正义［社会正义］、维护社会和谐稳定［社会和谐］、确保党和国家长治久安［社会安定］的根本要求。"

3. ［未来发展：措施］

［民生］要充分发挥法治作为保障和改善民生制度基石的作用，加强民生法治保障，破解民生难题，着力保障和改善民生。

［社建］要更加注重社会建设，推进社会体制改革，扩大公共服务，完善社会管理，促进社会公平正义，满足人民日益增长的美好生活需要。

［治理］要坚持和完善共建共治共享的社会治理制度，完善党委领导、政府负责、社会协同、公众参与、法治保障的社会治理体制，畅通公众参与重大公共决策的渠道，切实保障公民、法人和其他组织合法权益。

［安全］要贯彻落实总体国家安全观，加快国家安全法治建设，提高运用法治手段维护国家安全的能力。

[卫健] 切实做好新冠肺炎疫情依法防控工作，抓紧构建系统完备、科学规范、运行有效的疫情防控和公共卫生法律体系，依法保障人民群众生命健康安全。

五、以法治保障生态良好

1. [一般论述]

生态环境是关系党的使命宗旨的重大政治问题 [党]，也是关系民生的重大社会问题 [民]。

2. [实践：十八大以来]

（1）党的十八大描绘了生态文明建设的宏伟蓝图，勾勒出"美丽中国"的美好愿景；

（2）党的十八届三中全会提出，要建设生态文明，必须建立系统完整的生态文明制度体系；

（3）党的十八届四中全会要求，用严格的法律制度保护生态环境，强化绿色发展的法律和政策保障。

3. [理论论述]

习近平总书记在主持十八届中央政治局第六次集体学习时指出："只有实行最严格的制度，最严密的法治，才能为生态文明建设提供可靠保障。""保护生态环境必须依靠制度、依靠法治。"

4. [存在的问题]

我国生态环境保护中存在的突出问题大多同体制不健全、制度不严格、法治不严密、执行不到位、惩处不得力有关。

5. [解决问题：措施]

[立法] 要加快制度创新，增加制度供给，完善制度配套，强化制度执行，让制度成为刚性的约束和不可触碰的高压线。

[执法、司法：严格] 只有将生态文明建设纳入法治的轨道，以最严格的制度、最严密的法治，对生态环境予以最严格的保护，对破坏生态环境的行为予以最严厉的制裁，才能遏制住生态环境持续恶化的趋势，保障生态文明建设的持续健康发展。

要加大生态环境保护执法、司法力度，大幅度提高破坏环境违法犯罪的成本，强化各类环境保护责任主体的法律责任，强化绿色发展法律和政策保障，用严格的法律制度保护生态环境。

[重点] 要建立健全自然资源产权法律制度，完善国土空间开发保护法律制度，完善生态环境保护管理法律制度，加快构建有效约束开发行为和促进绿色发展、循环发展、低碳发展的生态文明法治体系。

专题 十

正确认识和处理全面依法治国一系列重大关系

一、政治和法治

[很重要] 正确处理政治和法治的关系，是法治建设的一个根本问题。

[一般论述] 有什么样的政治就有什么样的法治，政治制度和政治模式必然反映在以宪法为统领的法律制度体系上，体现在立法、执法、司法、守法等法治实践之中。

[领袖语录] 习近平总书记指出：“法治当中有政治，没有脱离政治的法治。”“每一种法治形态背后都有一套政治理论，每一种法治模式当中都有一种政治逻辑，每一条法治道路底下都有一种政治立场。”

[回到中国一般论述：政治问题包括党的问题、人民的问题] 必须坚持党的领导、人民当家作主和依法治国有机统一，坚持宪法确定的中国共产党领导地位不动摇，坚持宪法确定的人民民主专政的国体和人民代表大会制度的政体不动摇。

1. [回到中国重点论述 1：党和法的关系]

党和法的关系是政治和法治关系的集中反映。[一般论述：很重要]

习近平总书记强调：“党和法的关系是一个根本问题，处理得好，则法治兴、党兴、国家兴；处理得不好，则法治衰、党衰、国家衰。”[领袖语录：万能套话]

党的领导和依法治国不是对立的，而是统一的。[怎么处理：统一而非对立]

[第一个论点]

“‘党大还是法大’是一个政治陷阱，是一个伪命题。对这个问题，我们不能含糊其辞、语焉不详，要明确予以回答。”[怎么处理：反对错误观点]

“我们说不存在‘党大还是法大’的问题，是把党作为一个执政整体而言的，是指党的执政地位和领导地位而言的，具体到每个党政组织、每个领导干部，就必须服从和遵守宪法法律，就不能以党自居，就不能把党的领导作为个人以言代法、以权压法、徇私枉法的挡箭牌。”[怎么处理：正确的观点]

[第二个论点]

“如果说‘党大还是法大’是一个伪命题，那么对各级党政组织、各级领导干部来说，权大还是法大则是一个真命题。”[提问题，说立场]

各级领导干部尤其要弄明白法律规定怎么用权，什么事能干，什么事不能干，把权力运行的规矩立起来、讲起来、守起来，真正做到谁把法律当儿戏，谁就必然要受到法律的惩罚。[回答问题]

2. ［回到中国重点论述2：政策和法律的关系］

要处理好党的政策和国家法律的关系，两者在本质上是一致的。［一般论述：本质一致］

党的政策是国家法律的先导和指引，是立法的依据和执法司法的重要指导。［一般论述：具体过程］

要善于通过法定程序使党的政策成为国家意志、形成法律，并通过法律保障党的政策有效实施，从而确保党发挥总揽全局、协调各方的领导核心作用。［立法］

党的全面领导在法治领域，就是党领导立法、保证执法、支持司法、带头守法。

二、改革和法治

［一般论述］法治和改革有着内在的必然联系，二者相辅相成、相伴而生，如鸟之两翼、车之两轮。［联系］必须在法治下推进改革，在改革中完善法治。［互动］

［领袖语录］党的十八大以来，习近平总书记就改革和法治的关系作出了一系列重要论述，强调全面深化改革需要法治保障，全面推进依法治国也需要深化改革，把法治改革纳入全面深化改革的总体部署。

1. ［法治对改革有用］

要发挥法治对改革的引领和推动作用，确保重大改革于法有据，做到在法治的轨道上推进改革，以法治凝聚改革共识、以法治引领改革方向、以法治规范改革进程、以法治化解改革风险、以法治巩固改革成果。

要有序推进改革，该得到法律授权的不要超前推进，要切实提高运用法治思维和法治方式推进改革的能力和水平，要善于运用法治思维和法治方式想问题、作判断、出措施。［法治思维和法治方式］

要坚持改革决策和立法决策相统一、相衔接，确保改革和法治实现良性互动。［互动］立法主动适应改革需要，积极发挥引导、推动、规范、保障改革的作用，做到重大改革于法有据［立法要主动配合改革］，改革和法治同步推进，增强改革的穿透力［改革配合法治］。

2. ［改革对立法有用］

（1）对实践证明已经比较成熟的改革经验和行之有效的改革举措，要尽快上升为法律，先修订、解释或者废止原有法律之后再推行改革；［改革推动立法］

（2）对部门间争议较大的重要立法事项，要加快推动和协调，不能久拖不决；［坚定地推动重要立法事项的改革］

（3）对实践条件还不成熟、需要先行先试的，要按照法定程序作出授权，在若干地区开展改革试点，既不允许随意突破法律红线，也不允许简单以现行法律没有

依据为由迟滞改革；［改革试点］

（4）对不适应改革要求的现行法律法规，要及时修改或废止，不能让一些过时的法律条款成为改革的"绊马索"。［及时修改废止过时的法律］

3．［新发展理念］

善于通过改革和法治推动贯彻落实新发展理念。贯彻落实新发展理念，涉及一系列思维方式、行为方式、工作方式的变革，涉及一系列工作关系、社会关系、利益关系的调整。［一般论述］

习近平总书记指出："要深入分析新发展理念对法治建设提出的新要求，深入分析贯彻落实新发展理念在法治领域遇到的突出问题，有针对性地采取对策措施，运用法治思维和法治方式贯彻落实新发展理念。"［领袖语录］

立足新发展阶段，必须坚持以法治为引领，坚决纠正"发展要上、法治要让"的认识误区，杜绝立法上"放水"、执法上"放弃"的乱象，用法治更好地促进发展，实现经济高质量发展。［怎么办］

三、依法治国和以德治国

（一）总论

1．［概述］

法律是成文的道德，道德是内心的法律。法律和道德都具有规范社会行为、调节社会关系、维护社会秩序的作用，在国家治理中都有其不同的地位和功能。

2．［历史］

在我国历史上，很早就有德刑相辅、儒法并用的思想。

3．［结合］

（1）法是他律，德是自律，需要二者并用、双管齐下。

（2）习近平总书记指出："法律是准绳，任何时候都必须遵循；道德是基石，任何时候都不可忽视。在新的历史条件下，我们要把依法治国基本方略、依法执政基本方式落实好，把法治中国建设好，必须坚持依法治国和以德治国相结合，使法治和德治在国家治理中相互补充、相互促进、相得益彰，推进国家治理体系和治理能力现代化。"

（3）法安天下，德润人心。中国特色社会主义法治道路的一个鲜明特点，就是坚持依法治国与以德治国相结合，既重视发挥法律的规范作用，又重视发挥道德的教化作用，这是历史经验的总结，也是对治国理政规律的深刻把握。

（二）［分论一：道德帮助法律］要强化道德对法治的支撑作用

1．坚持依法治国和以德治国相结合，就要重视发挥道德的教化作用，提高全社会文明程度，为全面依法治国创造良好人文环境。

2. 要在道德体系中体现法治要求，发挥道德对法治的滋养作用，努力使道德体系同社会主义法律规范相衔接、相协调、相促进。[整体]

3. 要在道德教育中突出法治内涵，注重培育人们的法律信仰、法治观念、规则意识，引导人们自觉履行法定义务、社会责任、家庭责任，营造全社会都讲法治、守法治的文化环境。[个人]

（三）[分论二：法律帮助道德] 要把道德要求贯彻到法治建设中

以法治承载道德理念，道德才有可靠制度支撑。[总论：套话]

法律法规要树立鲜明道德导向，弘扬美德义行，立法、执法、司法都要体现社会主义道德要求，都要把社会主义核心价值观贯穿其中，使社会主义法治成为良法善治。[总论：把社会主义道德贯穿于全面依法治国的全过程和各方面]

1. 要把实践中广泛认同、较为成熟、操作性强的道德要求及时上升为法律规范，引导全社会崇德向善。[分论：立法贯彻道德要求]

2. 要坚持严格执法，弘扬真善美、打击假恶丑。[分论：执法贯彻道德要求]

3. 要坚持公正司法，发挥司法断案惩恶扬善功能。[分论：司法贯彻道德要求]

（四）[分论三] 要运用法治手段解决道德领域突出问题

法律是底线的道德，也是道德的保障。[套话：法律画底线]

[反面] 要加强相关立法工作，明确对失德行为的惩戒措施。要依法加强对群众反映强烈的失德行为的整治。

[反面] 对突出的诚信缺失问题，既要抓紧建立覆盖全社会的征信系统，又要完善守法诚信褒奖机制和违法失信惩戒机制，使人不敢失信、不能失信。

[反面] 对见利忘义、制假售假的违法行为，要加大执法力度，让败德违法者受到惩治、付出代价。

[正面] 要提高全民法治意识和道德自觉，使全体人民成为社会主义法治的忠实崇尚者、自觉遵守者、坚定捍卫者，争做社会主义道德的示范者、良好风尚的维护者。

[正面] 要发挥领导干部在依法治国和以德治国中的关键作用，以实际行动带动全社会崇德向善、尊法守法。

四、依法治国和依规治党

国有国法，党有党规。依法治国、依法执政，既要求党依据宪法法律治国理政，也要求党依据党内法规管党治党。依规管党治党是依法治国的重要前提和政治保障。只有把党建设好，国家才能治理好。

（一）正确处理依法治国和依规治党的关系，是中国特色社会主义法治建设的鲜明特色

党的十九大提出要坚持依法治国和依规治党有机统一，并将其纳入新时代中国特色社会主义基本方略。

习近平总书记强调："要发挥依法治国和依规治党的互补性作用，确保党既依据宪法法律治国理政，又依据党内法规管党治党、从严治党。"［相互补充］

要坚持依法治国与制度治党、依规治党统筹推进、一体建设，注重党内法规同国家法律法规的衔接和协调［相互衔接、相互协调］，统筹推进依规治党和依法治国，促进党的制度优势与国家制度优势相互转化，提升我们党治国理政的合力和效能［相互促进］，提高党的执政能力和领导水平，促进国家治理体系和治理能力现代化，推动中国特色社会主义事业不断取得新成就。

（二）要完善党内法规体系

党内法规体系是中国特色社会主义法治体系重要组成部分。

党内法规是党的中央组织、中央纪律检查委员会以及党中央工作机关和省、自治区、直辖市党委制定的体现党的统一意志，规范党的组织、党的领导、党的建设以及党的监督保障活动，依靠党的纪律保证实施的专门规章制度。［是什么］

党内法规体系是以党章为根本，以民主集中制为核心，以准则、条例等中央党内法规为主干，由各领域各层级党内法规制度组成的有机统一整体。［存在方式］

要从全面依法治国和全面从严治党相统一的高度，科学认识党内法规及其与国家法律的关系，确保党内法规与国家法律的衔接与协调。

（三）坚持依规治党带动依法治国

习近平总书记指出："依规治党深入党心，依法治国才能深入民心。"

1. 只有坚持依规治党，切实解决党自身存在的突出问题，才能使中国共产党始终成为中国特色社会主义事业的坚强领导核心，才能为全面依法治国确立正确的方向和道路，才能发挥好党领导立法、保证执法、支持司法、带头守法的政治优势。［依规治党——党地位更稳固、领导更有力］

2. 只有坚持依规治党，使各级党组织和全体党员牢固树立法治意识、规则意识、程序意识，弘扬宪法精神和党章精神，才能对科学立法、严格执法、公正司法、全民守法实行科学有效的领导，在全面依法治国中起到引领和保障作用。［依规治党——党组织和党员意识+行为］

案例一

用严格的法律制度保护生态环境

材料一：2013年9月7日，习近平总书记在哈萨克斯坦纳扎尔巴耶夫大学回答学生问题时指出，我们既要绿水青山，也要金山银山。宁要绿水青山，不要金山银山，而且绿水青山就是金山银山。我们绝不能以牺牲生态环境为代价换取经济的一时发展。我们提出了建设生态文明、建设美丽中国的战略任务，给子孙留下天蓝、地绿、水净的美好家园。

材料二：2017年10月18日，习近平总书记在中共十九大报告中强调，建设生态文明是中华民族永续发展的千年大计。必须树立和践行绿水青山就是金山银山的理念，坚持节约资源和保护环境的基本国策，像对待生命一样对待生态环境，统筹山水林田湖草系统治理，实行最严格的生态环境保护制度，形成绿色发展方式和生活方式，坚定走生产发展、生活富裕、生态良好的文明发展道路，建设美丽中国，为人民创造良好生产生活环境，为全球生态安全作出贡献。

问题：根据上述材料，结合你对人与自然的关系的认识，论述用严格的法律制度保护生态环境。

答题要求：

1. 不少于600字；
2. 要全面客观、不空洞；
3. 立场正确，有的放矢。

📝 **答题区**

（此处为600字方格稿纸，空白）

600字

参考答案 ▶▶▶

　　习近平总书记指出："自然是生命之母，人与自然是生命共同体，人类必须敬畏自然、尊重自然、顺应自然、保护自然。"生态兴则文明兴，生态衰则文明衰。就我国而言，改革开放以来，我国经济发展取得了巨大成就，也积累了大量生态环境问题，各类环境污染事件呈高发态势。生态环境问题已经成为全面建成小康社会的突出短板，成为民生之患、民心之痛。于是，扭转环境恶化的趋势、提高环境质量也成为了广大人民群众的热切期盼。而我国当前生态环境保护中存在的突出问题，大多同体制不健全、制度不严格、法治不严密、执行不到位、惩处不得力有关。必须把制度建设作为推进生态文明建设的重中之重，深化生态文明体制改革，把生态文明建设纳入制度化、法治化轨道。具体而言，应当从如下三个方面入手：

　　第一，加快制度创新，增加制度供给，完善制度配套，构建产权清晰、多元参与、激励约束并重、系统完整的生态文明制度体系，为生态文明建设夯实基础。加强生态文明建设，必须坚持立法先行。建立健全自然资源资产产权制度，国土空间开发保护制度、空间规划体系、资源总量管理和全面节约制度，资源有偿使用和生态补偿制度，环境治理体系、环境治理和生态保护市场体系、生态文明绩效评价考核和责任追究制度等法律制度，有效约束人的开发行为，尊重自然、顺应自然、保护自然，促进绿色发展、循环发展、低碳发展，推动形成人与自然和谐发展的现代化建设新格局。

第二，把依法严惩破坏生态环境违法犯罪作为解决环境问题的重要抓手，确保生态文明建设决策部署落地生根。法律的生命力在于实施，要强化中央环境保护督察的权威，加强力量配备，以大环保的视野推动督察工作纵深发展。执法和司法，要按照"谁污染谁付费、谁破坏谁受罚"的原则，加大对生产者违法行为的处罚力度，大幅度提高违法成本。改变一罚了之的做法，构成犯罪的，坚决追究刑事责任。全面准确摸排生态环境领域违法犯罪线索，建立打击破坏生态环境违法犯罪长效机制，增强执法效果。

第三，加强对全民环境保护理念的培育和普及，落实领导干部任期生态文明建设责任制，倒逼领导干部转变政绩观和发展观，引领全社会转变生产生活理念，共建良好生态。一些重大生态环境事件的背后，都有领导干部环保意识不强、履职不到位、执行不严格的问题。因此，必须落实领导干部生态文明建设责任制，以动真碰硬的态度进行生态保护，通过一级抓一级、一级带一级，确保环保政策落到实处。同时，对造成生态环境损害负有责任的领导干部，不论是否已经调离、提拔或者退休，都必须严肃追责。

总之，生态文明建设是关系人民的福祉，关乎中华民族永续发展的根本大计。习近平总书记指出："要像保护眼睛一样保护生态环境，像对待生命一样对待生态环境。"因此，必须把生态环境保护纳入制度化、法治化轨道，用严格的法律制度保护生态环境，以资源环境承载能力为基础，以顺应自然规律为准则，以严格的法律制度为根本，以人与自然和谐为目标，加快生态文明体制改革，着力破解制约生态文明建设的体制机制障碍，为生态文明建设提供可靠保障，群策群力，持之以恒，打赢生态环境保护攻坚战，建设经济发展、政治清明、文化昌盛、社会公正、生态良好的社会主义现代化强国！

案 例 二

法治是最好的营商环境

材料一：法治是最好的营商环境。要把平等保护贯彻到立法、执法、司法、守法等各个环节，依法平等保护各类市场主体产权和合法权益。要用法治来规范政府和市场的边界，尊重市场经济规律，通过市场化手段，在法治框架内调整各类市场主体的利益关系。要把工作重点放在完善制度环境上，健全法规制度、标准体系，加强社会信用体系建设，加强普法工作。对食品、药品等领域的重大安全问题，要拿出治本措施，对违法者用重典，用法治维护好人民群众生命安全和身体健康。要加快推进我国法域外适用的法律体系建设，加强涉外法治专业人才培养，积极发展涉外法律服务，强化企业合规意识，保障和服务高水平对外开放。

——摘自习近平：《在中央全面依法治国委员会第二次会议上的讲话》

材料二：近期公布的几起民营企业家冤案获无罪改判的案例，为民营企业送上了定心丸。站在保障民营经济发展的角度，法治为民营经济的发展提供了有力的支撑。在法治营商环境建设方面，还需要各方努力推进。……应当创造良好的企业经营法治环境，充分尊重企业平等主体地位，同时应遵循契约精神，严格遵守并履行生效民事合同。……各级政府要按照权力清单、责任清单要求在法律范围内行使权力，并对权力运行进行有效监管，建立起相应的责任追究机制。政府在作为市场主体参与市场交易的过程中，也应该严格遵守契约，做到诚实守信。此外，政府还要营造公平竞争环境，打破各种"卷帘门""玻璃门""旋转门"，构建亲清新型政商关系。

——全国政协委员、贵州总商会副会长朱山在接受记者采访时的发言

问题：根据以上材料，结合市场与政府的关系，谈谈你对"法治是最好的营商环境"的理解。

答题要求：

1. 无观点或论述、照搬材料原文的不得分；

2. 观点正确，表述完整、准确；

3. 总字数不得少于600字。

✎ **答题区**

（此处为空白答题格，600字稿纸）

600 字

参考答案 ▶▶▶

1. 坚持社会主义市场经济改革方向，核心问题是处理好政府和市场的关系。健全社会主义市场经济体制，必须着力解决市场体系不完善、政府干预过多和监管不到位的问题。于是，一方面，应当让市场在资源配置中起决定性作用，大幅度减少政府对资源的直接配置，让企业和个人有更多活力和更大空间去发展经济、创造财富；另一方面，应当更好地发挥政府的积极作用，加强政府对市场的宏观调控，保持宏观经济稳定，保障公平竞争，加强市场监管，维护市场秩序。

2. 市场经济又是法治经济，法治既是市场经济的内在要求，也是其良性运行的根本保障。法治是最好的营商环境，有助于清晰地划分政府与市场的界限，清晰地划分政府与市场的职责，使营商主体有广阔的发展空间和营业自由，享受应有的公共服务。

（1）通过制定良法，为营商环境创造良好的制度基础。推动优化营商环境立法，积极发挥法治引导、推动、规范、保障改革的作用。要针对营商的难题和制约因素，以平等保护、促进企业发展、提高投资效率的立法理念，完善制度立法。要完善营商主体法律制度，明定营商主体的设立程序和条件，降低商主体设立成本，便利民间创业主体以各种主体形式便捷地进入市场。进一步完善融资担保法律方式，完善企业发行债券制度；完善破产界限，为经营失败的企业创造市场退出通道。

（2）通过严格执法，实现善治，为营商环境创造良好的执法环境。政府要加强依法行政，首先，要减少对市场主体经济运营的直接干预，不再去做不该做的事；其次，依法行政要求在行政执法上，以法律手段管理经济，明晰执法主体的权限、职责、程序、任务，将行政执法工作公开化，增强执法工作的透明度，严格执法责任；再次，政府在作为市场主体参与市场交易的过程中，也应该严格遵守契约，做到诚实守信；最后，政府要健全和提高公共治理能力，为营商提供创业指导、信息服务、人才引进等方面的服务。

（3）通过公正司法，为营商环境创造良好的司法环境。要在法治框架下，保证公正司法，推行司法公开，提高司法公信力，在司法活动的过程和结果中体现公平、平等、正义的精神，以创造公正、严明的法治环境。保障企业家的名誉权、人身权等人身权益，要防止将经济纠纷当作犯罪处理，将民事责任变成刑事责任。针对侵犯企业财产权、知识产权的违法行为，要公正司法，保护企业合法权益。同时，要在司法活动中，最大限度减少对涉案企业正常生产经营活动的不利影响，以高效的司法资源减少纠纷主体的诉累。最后，要进一步完善错案纠正和责任追究制度，在民营经济权益受到司法侵害时建立起有效的救济机制。

3. 法治是最好的营商环境。市场经济活动中，法治一方面保障市场主体的财产权、知识产权不受其他私主体的侵犯，另一方面也保障其财产权、知识产权不受来自公权力的侵犯。良好的法治不仅要指引合法经营行为、惩戒违法经营行为，而且要保障营商的创新行为。总之，法治可以保障市场主体、商主体敢于创业、放心投资、踏实经营，为企业等提供一个平等、清廉、包容、创新的营商环境，助力社会主义市场经济建设，为中国经济迈向高质量发展提供不竭动力。

案 例 三
党 的 领 导

材料： 中共中央政治局 2013 年 2 月 23 日下午就全面推进依法治国进行第四次集体学习。中共中央总书记习近平在主持学习时强调，全面建成小康社会对依法治国提出了更高要求。我们要全面贯彻落实党的十八大精神，以邓小平理论、"三个代表"重要思想、科学发展观为指导，全面推进科学立法、严格执法、公正司法、全民守法，坚持依法治国、依法执政、依法行政共同推进，坚持法治国家、法治政府、法治社会一体建设，不断开创依法治国新局面。

习近平强调，我们党是执政党，坚持依法执政，对全面推进依法治国具有重大作用。要坚持党的领导、人民当家作主、依法治国有机统一，把党的领导贯彻到依法治国全过程。各级党组织必须坚持在宪法和法律范围内活动。各级领导干部要带头依法办事，带头遵守法律。各级组织部门要把能不能依法办事、遵守法律作为考察识别干部的重要条件。

问题： 请根据上述材料，结合习近平法治思想的重大意义，谈谈在全面推进依法治国的过程中加强和改进党的领导。

答题要求：

1. 无观点或者论述、照搬材料原文的不得分；

2. 观点正确，表述完整、准确；

3. 总字数不得少于 600 字。

✎ **答题区**

（答题框，共六行空格表格，右侧标注"600字"）

参考答案

1. 习近平法治思想是马克思主义法治理论同中国法治建设具体实际相结合、同中华优秀传统法律文化相结合的最新成果，是对党领导法治建设丰富实践和宝贵经验的科学总结，是在法治轨道上全面建设社会主义现代化国家的根本遵循，是引领法治中国建设实现高质量发展的思想旗帜。

2. 在推进全面依法治国的过程中，坚持党的领导具有重大的意义。中国共产党是社会主义事业的领导核心。坚持党的领导，是党和国家的根本所在、命脉所在，是全国各族人民的利益所系、幸福所系，是推进全面依法治国的题中应有之义。党的领导和社会主义法治是一致的，社会主义法治必须坚持党的领导，党的领导必须依靠社会主义法治。只有在党的领导下依法治国、厉行法治，人民当家作主才能充分实现，国家和社会生活法治化才能有序推进。

3. 必须加强和改进党对法治工作的领导，把党的领导贯彻到推进全面依法治国的全过程。具体而言，这包括如下五个方面：①必须坚持依法执政，依法执政是依法治国的关键；②加强党内法规制度建设，党内法规既是管党治党的重要依据，也是建设社会主义法治国家的有力保障；③党员干部是推进全面依法治国的重要组织者、推动者和实践者，因此必须提高党员干部的法治思维和依法办事能力；④依法治国工作重点在基层、基础在基层，因此必须推进基层治理法治化；⑤深入推进依法治军、从严治军。

案例四

依法治国和以德治国相结合

材料一：法律是准绳，任何时候都必须遵循；道德是基石，任何时候都不可忽视。在新的历史条件下，我们要把依法治国基本方略、依法执政基本方式落实好，把法治中国建设好，必须坚持依法治国和以德治国相结合，使法治和德治在国家治理中相互补充、相互促进、相得益彰，推进国家治理体系和治理能力现代化。

——摘自习近平：《在中共中央政治局第三十七次集体学习时的讲话》

材料二：法律是成文的道德，道德是内心的法律。法律和道德都具有规范社会行为、调节社会关系、维护社会秩序的作用，在国家治理中都有其地位和功能。法安天下，德润人心。法律有效实施有赖于道德支持，道德践行也离不开法律约束。法治和德治不可分离、不可偏废，国家治理需要法律和道德协同发力。

——摘自习近平：《在中共中央政治局第三十七次集体学习时的讲话》

问题：根据以上材料，结合习近平法治思想的相关知识，谈谈你对依法治国和以德治国之间关系的认识。

答题要求：

1. 无观点或论述、照搬材料原文的不得分；
2. 观点正确，表述完整、准确；
3. 总字数不得少于600字。

✏ **答题区**

																			600 字

参考答案 ▶▶

1. 在中国特色社会主义现代化国家的建设过程中，法律和道德都是极其重要的社会规范，都具有规范社会行为、调节社会关系、维护社会秩序的作用。法安天下，法治以其权威性和强制性规范社会成员的行为；德润人心，德治以其说服力和劝导力提高社会成员的思想道德觉悟。国家和社会治理需要二者共同发挥作用。中国特色社会主义法治道路的一个鲜明特点，就是坚持依法治国和以德治国相结合，强调法治和德治两手抓、两手都要硬。这既是历史经验的总结，也是对治国理政规律的深刻把握。

2. 法治和德治不可分离、不可偏废。一方面，必须坚持一手抓法治、一手抓德治，既重视发挥法律的规范作用，又重视发挥道德的教化作用；另一方面，应当推动实现法律和道德相辅相成、法治和德治相得益彰。

（1）以道德滋养法治精神，强化道德对法治文化的支撑作用，把道德要求贯彻到法治建设中。国无德不兴，人无德不立。一个国家的公民道德素质，一定程度上影响和制约着法治进程。大力弘扬社会主义核心价值观，弘扬中华传统美德，培育社会公德、职业道德、家庭美德、个人品德，要把道德建设融入法治建设的各个环节，强化规则意识，倡导契约精神，弘扬公序良俗。一方面，完善与社会主义道德规范相协调的法律体系，同时把社会主义核心价值观贯彻到法律实施过程中；另一方面，应当加强公民道德建设，提升法治工作队伍的思想道德水平，增强法治的道德底蕴。

（2）以法治体现道德理念，强化法律对道德建设的保障作用，发挥法治在解决道德领域突出问题中的作用。习近平总书记指出，法律是底线的道德，也是道德的保障。要加强相关立法工作，明确对群众反映强烈的失德行为的惩戒措施，通过严格执法、公正司法营造惩恶扬善的社会风气。要根据经济社会发展需要和人民群众的愿望要求，把道德领域的一些突出问题纳入法律调整的范围，加大执法、司法工作力度，弘扬真善美、制裁假恶丑。深入开展法治宣传教育，增强全民法治意识和道德自觉。对突出的诚信缺失问题，既要抓紧建立覆盖全社会的征信系统，又要完善守法诚信褒奖机制和违法失信惩戒机制，使人不敢失信、不能失信。

3. 法律是成文的道德，道德是内心的法律。坚持依法治国和以德治国相结合，既是对古今中外治国经验的深刻总结，也是对在新的历史起点上坚持和发展中国特色社会主义的现实要求，是坚持走中国特色社会主义法治道路的内在要求。坚持依法治国和以德治国相结合，对于夯实国家治理的制度基础和思想道德基础，实现党和国家长治久安、实现中华民族伟大复兴的中国梦，具有极为重要的现实意义和深远的历史意义。

案 例 五

民 生 保 障

材料一：抓扶贫开发，中央有明确部署，这里我讲三句话。一是要紧紧扭住发展这个促使贫困地区脱贫致富的第一要务，立足资源、市场、人文旅游等优势，因地制宜找准发展路子，既不能一味等靠、无所作为，也不能"捡进篮子都是菜"，因发展心切而违背规律、盲目蛮干，甚至搞劳民伤财的"形象工程"、"政绩工程"。二是要紧紧扭住包括就业、教育、医疗、文化、住房在内的农村公共服务体系建设这个基本保障，编织一张兜住困难群众基本生活的安全网，坚决守住底线。三是要紧紧扭住教育这个脱贫致富的根本之策，再穷不能穷教育，再穷不能穷孩子，务必把义务教育搞好，确保贫困家庭的孩子也能受到良好的教育，不要让孩子们输在起跑线上。

——摘自习近平：《同菏泽市及县区主要负责同志

座谈时的讲话》（2013 年 11 月 26 日）

材料二：提高保障和改善民生水平，加强和创新社会治理……为什么人的问题，是检验一个政党、一个政权性质的试金石。……必须始终把人民利益摆在至高无上的地位，让改革发展成果更多更公平惠及全体人民，朝着实现全体人民共同富裕不断迈进。保障和改善民生要抓住人民最关心最直接最现实的利益问题，既尽力而为，又量力而行，一件事情接着一件事情办，一年接着一年干。坚持人人尽责、人人享有，坚守底线、突出重点、完善制度、引导预期，完善公共服务体系，保障群众基本生活，不断满足人民日益增长的美好生活需要，不断促进社会公平正义，形成有效的社会治理、良好的社会秩序，使人民获得感、幸福感、安全感更加充实、更有保障、更可持续。

——摘自习近平：《在中国共产党第十九次全国代表大会上的报告》

问题：根据以上材料，结合你对人民的主体地位的理解，论述坚持和完善统筹城乡的民生保障制度的意义和基本要求。

答题要求：

1. 无观点或论述、照搬材料原文的不得分；

2. 观点正确，表述完整、准确；

3. 总字数不得少于 600 字。

✎ **答题区**

600 字

参考答案 ▶▶

1. 人民是依法治国的主体和力量源泉。人民作为法治的主体，意味着必须保证人民在党的领导下，依照法律规定，通过各种途径和形式管理国家事务、管理经济文化事业、管理社会事务。必须坚持人民的主体地位，坚持法治建设为了人民、依靠人民、造福人民、保护人民，以保障人民根本权益为出发点和落脚点，把体现人民利益、反映人民愿望、维护人民权益、增进人民福祉落实到依法治国全过程，使法律及其实施充分体现人民意志，保证人民依法享有广泛的权利和自由、承担应尽的义务，维护社会公平正义，促进共同富裕。

2. 坚持和完善统筹城乡的民生保障制度具有重大的理论和实践意义。必须认识到，民生问题事关我国社会主义现代化建设事业的兴衰成败：解决得好，则民富国强；解决得不好，则民贫国弱。坚持和完善统筹城乡的民生保障制度，有助于保障人民群众的基本生活，增进人民福祉，提高人民群众的幸福感、获得感、安全感，也有助于落实我们党"立党为公、执政为民"的基本宗旨，提升党的执政能力和执政水平。因此，必须坚持和完善统筹城乡的民生保障制度。

3. 坚持和完善统筹城乡的民生保障制度要求我们：一方面，要构建服务全民、终身学习的教育体系，健全更充分、更高质量就业的促进机制，健全就业服务和技术技能培训制度，提高就业人员的知识水平和劳动技能；另一方面，必须完善覆盖全民的社会保障体系，强化提高人民健康水平的制度保障，健全统筹城乡、可持续的基本养老保险制度、基本医疗保险制度，加强公共卫生防疫和重大传染病防控，健全重特大疾病医疗保险和救助制度。同时，要动员全党全国全社会力量，坚持精准扶贫、精准脱贫，坚持大扶贫格局，注重扶贫同扶志、扶智相结合，深入实施东西部扶贫协作，坚决打赢脱贫攻坚战，巩固脱贫攻坚成果，建立解决相对贫困的长效机制。

4. 总之，通过完善教育、就业、扶贫、医疗卫生、社会保障、公共服务等诸多方面的制度体系，建设普适性、基础性、兜底性的民生服务体系，创新公共服务方式，加强制度落实，尽力而为、量力而行，实现幼有所育、学有所教、劳有所得、病有所医、老有所养、住有所居、弱有所扶，满足人民群众多层次、多样化的需求，使改革发展成果更普遍、更公平地惠及全体人民。

案例六
依法行政

材料： 2013年2月，中共中央总书记习近平在中央政治局就全面推进依法治国进行第四次集体学习中指出，我们要全面贯彻落实党的十八大精神，以邓小平理论、"三个代表"重要思想、科学发展观为指导，全面推进科学立法、严格执法、公正司法、全民守法，坚持依法治国、依法执政、依法行政共同推进，坚持法治国家、法治政府、法治社会一体建设，不断开创依法治国新局面。

习近平同志指出，行政机关是实施法律法规的重要主体，要带头严格执法，维护公共利益、人民权益和社会秩序。执法者必须忠实于法律。各级领导机关和领导干部要提高运用法治思维和法治方式的能力，努力以法治凝聚改革共识、规范发展行为、促进矛盾化解、保障社会和谐。要加强对执法活动的监督，坚决排除对执法活动的非法干预，坚决防止和克服地方保护主义和部门保护主义，坚决惩治腐败现象，做到有权必有责、用权受监督、违法必追究。

问题： 请根据上述材料，结合依法治国的基本理论，从合法行政和合理行政的角度谈谈推进依法行政、加快建设法治政府的意义和途径。

答题要求：

1. 无观点或者论述、照搬材料原文的不得分；

2. 观点正确，表述完整、准确；

3. 总字数不得少于600字。

✍ 答题区

（答题方格，第三行右侧标注"600字"）

参考答案 ▶▶▶

1. 依法治国是我们党顺应时代潮流，把握历史机遇，在我国社会发展的关键时刻，在治国理政方略上作出的重大抉择，实现了我党治国理政的重大转变和历史性飞跃。依法治国方略的实施是一项浩瀚庞大、复杂而艰巨的系统工程，包括了从科学立法，构建和完善中国特色社会主义法律体系，到严格执法、公正司法、全民守法，再到构建权力制约监督体系与机制的全部内容。

2. 依法行政是依法治国的一个关键环节，是法治国家对政府行政活动的基本要求。正如习近平总书记所说，行政机关是实施法律法规的重要主体，要带头严格执法，维护公共利益、人民权益和社会秩序。依法行政既要求行政机关在实施行政管理的过程中依法律、法规、规章的规定进行，没有相关规定，行政机关不得作出影响公民、法人和其他组织合法权益或者增加其义务的决定；也要求行政机关合理行政，遵循公平、公正的原则，平等对待相对人，恰当行使自由裁量权，正确使用相关行政措施和手段，避免损害当事人的正当权益。

3. 深入推进依法行政，加快建设法治政府，必然要求各级政府在党的领导下，在法治轨道上开展工作，创新执法体制，完善执法程序，推进综合执法，严格执法责任，建立权责统一、权威高效的执法行政体制，加快建设职能科学、权责法定、执法严明、公开公正、廉洁高效、守法诚信的法治政府。具体而言，其应当做到如下五个方面：①依法全面履行政府职能；②健全依法决策机制；③深化行政执法体制改革；④坚持严格规范公正文明执法；⑤全面推进政务公开。

4. 与此同时，习近平总书记的讲话还提醒我们注意，必须加强对执法活动的监督，坚决排除对执法活动的非法干预。依法行政必须做到权责统一，要通过科学的法律和其他制度，合理规定和配置行政机关及其工作人员的权力和责任，保持责任与权力的对应；行政机关违法或不当行使职权，应依法承担法律责任，切实做到执法有保障、有权必有责、用权受监督、违法受追究、侵权须赔偿。

案例七
工 作 布 局

材料一：法律是治国之重器，法治是国家治理体系和治理能力的重要依托。全面推进依法治国，是解决党和国家事业发展面临的一系列重大问题，解放和增强社会活力、促进社会公平正义、维护社会和谐稳定、确保党和国家长治久安的根本要求。要推动我国经济社会持续健康发展，不断开拓中国特色社会主义事业更加广阔的发展前景，就必须全面推进社会主义法治国家建设，从法治上为解决这些问题提供制度化方案。

——摘自习近平：《关于〈中共中央关于全面推进依法治国若干重大问题的决定〉的说明》

材料二：我们党是执政党，坚持依法执政，对全面推进依法治国具有重大作用。要坚持党的领导、人民当家作主、依法治国有机统一，把党的领导贯彻到依法治国全过程。各级党组织必须坚持在宪法和法律范围内活动。各级领导干部要带头依法办事，带头遵守法律。各级组织部门要把能不能依法办事、遵守法律作为考察识别干部的重要条件。

——摘自习近平：《第十八届中央政治局第四次集体学习时的讲话》

材料三：面向未来，全面建成小康社会对依法治国提出了更高要求。我们要全面贯彻落实党的十八大精神，以邓小平理论、"三个代表"重要思想、科学发展观为指导，全面推进科学立法、严格执法、公正司法、全民守法，坚持依法治国、依法执政、依法行政共同推进，坚持法治国家、法治政府、法治社会一体建设，不断开创依法治国新局面。

——摘自习近平：《第十八届中央政治局第四次集体学习时的讲话》

问题：根据以上材料，结合你对党和法的关系的理解，谈谈建设社会主义法治国家的意义和工作布局。

答题要求：

1. 无观点或论述、照搬材料原文的不得分；

2. 观点正确，表述完整、准确；

3. 总字数不得少于600字。

✎ 答题区

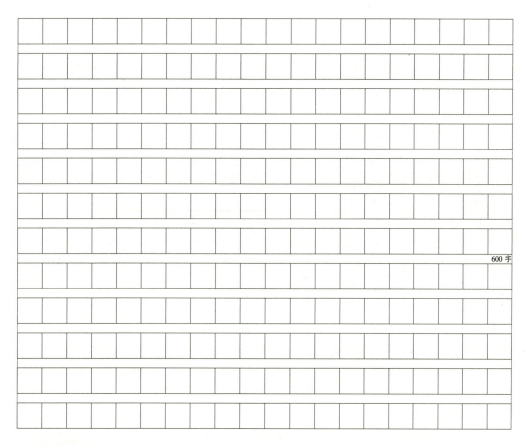

参考答案

在我国，党和法的关系是一个根本问题，抓住了这个根本问题，就抓住了中国特色社会主义法治的本质和核心。一方面，坚持党的领导，是社会主义法治的根本要求，是推进全面依法治国的题中应有之义。必须把党的领导贯彻到依法治国全过程和各方面，加强党对全面依法治国的统一领导、统一部署、统筹协调。另一方面，必须认识到，法是党的主张和人民意愿的统一体现，是党领导人民制定的，党自身必须在宪法法律范围内活动。总之，在我国，党和法、党的领导和依法治国是高度统一的。

建设社会主义法治国家的工作布局就是坚持依法治国、依法执政、依法行政共同推进，坚持法治国家、法治政府、法治社会一体建设。

1. 必须坚持依法治国、依法执政、依法行政共同推进。依法治国的主体是人民，依法治国是党领导人民治理国家的基本方略。必须保证人民在党的领导下，依照法律规定，通过各种途径和形式管理国家事务、管理经济文化事业、管理社会事务，使国家各项工作都依法进行，实现社会主义民主的制度化、法律化。依法执政是党治国理政的基本方式，党领导立法，通过法定程序将党的主张上升为国家意志，进而带头遵守宪法法律，确保宪法法律实施。依法行政是法治状态下政府行为的基本原则和基本方式，要求合法行政，法定职责必须为、法无授权不可为，要执法严明、公开公正、廉洁高效、守

125

法诚信。依法治国、依法执政、依法行政三者是一个有机联系的整体，具有内涵的统一性、目标的一致性、成效的相关性，必须彼此协调、共同推进、形成合力。

2. 应当坚持法治国家、法治政府、法治社会一体建设。法治国家是法治建设的目标。法治国家要求国家权力由宪法和法律赋予，依照法律规定的程序行使，并对违法行使公权力的行为承担相应的法律责任。法治国家必然是民主的国家、依法而治的国家。法治政府是依法设立、职权由法律赋予且依法行使、对其行为承担法律责任的政府。能否建成法治政府，决定着法治国家建设的成败。法治社会，是指公民、法人和其他社会组织依照法律行使权利、履行义务，依法承担社会责任，依法办事、依法解决纠纷，社会治理依法进行。法治国家、法治政府、法治社会，三者相互联系、内在统一，是法治建设的三大支柱，缺少任何一个方面，全面推进依法治国的总目标都无法实现。

不得不说，社会主义法治国家建设具有重大的理论和实践意义。建设社会主义法治国家是中国特色社会主义建设事业的重要内容，深化了我们党对于国家治理目标的理解，也突出了法治在国家治理中的重要地位。全面依法治国是实现国家治理体系和治理能力现代化的必然要求，事关人民幸福安康，事关我们党执政兴国，事关党和国家长治久安。全面深化改革、完善和发展中国特色社会主义制度、提高党的执政能力和执政水平、全面建成小康社会、实现中华民族伟大复兴的中国梦，必须推进全面依法治国。

案 例 八
强化对行政权力的制约和监督

材料一： 2015 年 2 月 2 日，习近平同志在省部级主要领导干部学习贯彻十八届四中全会精神全面推进依法治国专题研讨班开班式上发表重要讲话，指出："把权力关进制度的笼子里，就是要依法设定权力、规范权力、制约权力、监督权力。全面依法治国，必须紧紧围绕保障和促进社会公平正义来进行。公平正义是我们党追求的一个非常崇高的价值，全心全意为人民服务的宗旨决定了我们必须追求公平正义，保护人民权益、伸张正义。"

材料二： 2014 年 2 月 11 日，国务院召开第二次廉政工作会议。国务院总理李克强强调，要"坚定不移惩治腐败、促政风转变，以抓改革建机制推进廉政建设"。以抓改革建机制推进廉政建设的核心是制度建设，而制度建设的关键是让制度笼子坚实牢固。让制度"过硬"，是把权力关进制度笼子的基础，强调的是制度笼子要坚实牢固，而不能是烂篱笆。让制度"碰硬"，是反腐败形势的客观要求。经过多年治理特别是党的十八大以来的重拳出击，廉政建设已经进入深水区与攻坚期，会面对更多难啃的硬骨头。作为廉政建设的支柱，制度没有选择，必须果敢担当，勇于碰硬。

问题： 根据以上材料，从权力配置、权力运行、权力监督、责任追究等角度谈谈如何强化对行政权力的制约和监督。

答题要求：

1. 无观点或论述、照搬材料原文的不得分；

2. 观点正确，表述完整、准确；

3. 总字数不得少于 600 字。

✏ 答题区

（此处为空白方格稿纸，共八行，右侧标注"600 字"）

参考答案 ▷▷▷

把权力关进制度的笼子里，意味着制度是立体的、综合的。上述材料清晰地表明，推进全面依法治国必须要强化对行政权力的制约和监督，形成不敢腐的惩戒机制、不能腐的防范机制、不易腐的保障机制。具体而言，体现在如下四个方面：

1. 权力配置制度。权力过大、集中是导致腐败的重要原因，科学合理地配置权力是防范腐败问题的重要制度。要划定公共权力的范围，推进各级政府事权规范化、法律化。强化对行政权力制约的重点是制约政府内部权力。对财政资金分配使用、国有资产监管、政府投资、政府采购等权力集中的部门和岗位实行分事行权、分岗设权、分级授权，定期轮岗，强化内部流程控制，防止权力滥用。

2. 权力运行机制。要强化重要事项集体议事决策制度，对于重要事项，要避免一人或少数人决策或决定。要健全施政行为和政务公开制度。要坚持以公开促公正、以透明保廉洁。要完善权力运行程序制度，程序明确、流程固定、方式确定，可以保证权力行使不会脱离正常轨道，权力没有机会被滥用。

3. 权力监督制度。要形成有效的监督体系，强化党内监督、人大监督、民主监督、行政监督、司法监督、审计监督、社会监督、舆论监督和国家机关内部各种形式的纪律监督，让监督覆盖权力触及的每个角落和各个环节。拓宽人民监督权力的渠道，让人民监督权力。完善政府内部层级监督和专门监督，改进上级机关对下级机关的监督，建立常态化的监督制度。完善审计制度。

4. 责任追究制度。失职要问责，违法要追究。要完善纠错问责机制，健全责令公开道歉、停职检查、引咎辞职、责令辞职、罢免等问责方式和程序，加大对腐败者的追究力度和频度，对腐败分子保持高压态势。

案例九
反 腐 败

材料：2013 年 1 月 22 日，中共中央总书记、中共中央军委主席习近平在中国共产党第十八届中央纪律检查委员会第二次全体会议上指出，党风廉政建设和反腐败斗争是一项长期的、复杂的、艰巨的任务。我们要坚定决心，有腐必反、有贪必肃，不断铲除腐败现象滋生蔓延的土壤，以实际成效取信于民。

习近平指出，坚定不移惩治腐败，是我们党有力量的表现，也是全党同志和广大群众的共同愿望。不论什么人，不论其职务多高，只要触犯了党纪国法，都要受到严肃追究和严厉惩处。从严治党，惩治这一手决不能放松。要坚持"老虎""苍蝇"一起打，既坚决查处领导干部违纪违法案件，又切实解决发生在群众身边的不正之风和腐败问题。要坚持党纪国法面前没有例外，不管涉及谁，都要一查到底，决不姑息。要继续全面加强惩治和预防腐败体系建设，加强反腐倡廉教育和廉政文化建设，健全权力运行制约和监督体系，加强反腐败国家立法，加强反腐倡廉党内法规制度建设，深化腐败问题多发领域和环节的改革，确保国家机关按照法定权限和程序行使权力。要加强对权力运行的制约和监督，把权力关进制度的笼子里，形成不敢腐的惩戒机制、不能腐的防范机制、不易腐的保障机制。各级领导干部都要牢记，任何人都没有法律之外的绝对权力，任何人行使权力都必须为人民服务、对人民负责并自觉接受人民监督。要加强对一把手的监督，认真执行民主集中制，健全施政行为公开制度，保证领导干部做到位高不擅权、权重不谋私。

问题：请根据上述材料，结合依法治国的基本理论，从全民守法和强化监督制约的角度谈谈反腐败对于社会主义法治事业建设的意义以及要求。

答题要求：

1. 无观点或者论述、照搬材料原文的不得分；

2. 观点正确，表述完整、准确；

3. 总字数不得少于 600 字。

✎ **答题区**

（空白答题格）

600字

参考答案 ▶▶▶

1. 依法治国是我们党顺应时代潮流，把握历史机遇，在我国社会发展的关键时刻，在治国理政方略上作出的重大抉择，实现了我党治国理政的重大转变和历史性飞跃。依法治国方略的实施是一项浩瀚庞大、复杂而艰巨的系统工程，包括了从科学立法，构建和完善中国特色社会主义法律体系，到严格执法、公正司法、全民守法，再到构建权力制约监督体系与机制的全部内容。

2. 全民守法，社会成员知法、信法、守法、用法，是依法治国方略实施的社会基础。《宪法》明确规定，一切国家机关和武装力量、各政党和各社会团体、各企事业组织都必须遵守宪法和法律。每一个党员特别是各级领导干部，要模范带头遵守法律；每一个社会成员在享有宪法和法律规定的权利的同时，必须自觉履行宪法和法律规定的义务，不得损害国家利益、社会利益以及其他社会主体的合法权利与自由。

3. 正如习近平同志所指出的，反腐败是全党同志和广大群众的共同愿望，是保证党的组织肌体健康、充满活力的必要手段。社会主义法治是"治官之治"和"治权之治"。有腐必反、有贪必肃，方能取信于民。我国《宪法》明文规定，公民在法律面前一律平等。这就意味着，在我国，任何人不享有超越宪法与法律的绝对权力，不享有法外的特权，党纪国法面前没有例外。坚持"老虎""苍蝇"一起打。

4. 习近平同志在讲话中也提醒我们注意，反腐要注重惩治与预防相结合，标本兼治，同时也应依法反腐，构建反腐倡廉的长效机制。即一方面，应加强反腐倡廉教育和廉政文化建设；另一方面，应同时加强反腐败国家立法，加强反腐倡廉党内法规制度建设，从法律上构建起"以权力制约权力、以权利制约权力、以道德制约权力"的权力制约监督体系与机制，把权力关进制度的笼子里，形成不敢腐的惩戒机制、不能腐的防范机制、不易腐的保障机制，从而保证执政党的权力和立法、执法、司法等各种权力的设置和行使始终不偏离我国民主政治的正确轨道。

5. 要统筹发挥国家权力机关的监督、政协的民主监督、人民检察院的法律监督、人民法院对于行政机关行政行为的监督、专门监督机关的监督以及行政机关自我约束与监督的作用，扩大公民对国家和社会事务管理的有序参与，强化人民群众对各级国家机关及其工作人员的广泛监督，同时重视和发挥舆论监督的作用。要从法律上规范各种监督行为，不断提升监督的科学性、合理性、建设性和实效性。

6. 总之，反腐势在必行，但是整体的反腐工作也要在党的领导下稳步有序地开展。绝不允许借着反腐之风质疑党的纯洁性，进而动摇党的领导地位。正如习近平同志所指出的，坚定不移惩治腐败，正是我们党充满力量的表现。在反腐败的问题上，我们党以壮士断腕的决心和勇气，坚守着自己"全心全意为人民服务"的承诺。这种勇气和执着，才是党和国家真正希望之所在！

案 例 十
立法与改革的关系

材料一：改革和法治相辅相成、相伴而生。我国历史上的历次变法，都是改革和法治紧密结合，变旧法、立新法，从战国时期商鞅变法、宋代王安石变法到明代张居正变法，莫不如此。我国改革进入了攻坚期和深水区，改革和法治的关系需要破解一些新难题，也亟待纠正一些认识上的误区。一种观点认为，改革就是要冲破法律的禁区，现在法律的条条框框妨碍和迟滞了改革，改革要上路、法律要让路。另一种观点则认为，法律就是要保持稳定性、权威性、适当的滞后性，法律很难引领改革。这两种看法都是不全面的。在法治下推进改革，在改革中完善法治，这就是我们说的改革和法治是两个轮子的含义。

> ——摘自习近平：《在省部级主要领导干部学习贯彻十八届四中全会精神全面推进依法治国专题研讨班开班式上的讲话》

材料二：实现立法和改革决策相衔接，做到重大改革于法有据、立法主动适应改革和经济社会发展需要。实践证明行之有效的，要及时上升为法律。实践条件还不成熟、需要先行先试的，要按照法定程序作出授权。对不适应改革要求的法律法规，要及时修改和废止。

> ——摘自《中共中央关于全面推进依法治国若干重大问题的决定》

问题：根据以上材料，从改革、发展和稳定的关系以及维护法律权威的角度谈谈你对立法与改革决策之间关系的看法。

答题要求：

1. 无观点或论述、照搬材料原文的不得分；

2. 观点正确，表述完整、准确；

3. 总字数不得少于600字。

✎ 答题区

（空白答题格子，右侧标注"600字"）

参考答案 ▶▶▶ （要点）

改革、发展、稳定三者之间是相互依存、互为条件的。其中，改革是中国社会主义现代化建设的动力，是社会主义制度的自我完善和发展；发展是中国社会主义现代化建设的目的，是硬道理；稳定是中国社会主义现代化建设的前提，无论是改革还是发展都需要有一个稳定的社会环境作保证。三者共同统一于中国特色社会主义现代化建设的伟大事业之中。

在推进全面依法治国的过程中，妥当地处理立法与改革决策的关系，需要我们做到如下两个方面：

一方面，全面深化改革必须维护宪法法律权威。在改革过程中，必须坚持法律的主导和至上地位，改革自身需要法治保障，改革必须依法进行，必须讲究正当程序，决不可牺牲法治理念。同时，在改革过程中，应避免以政策、道德、习俗等调整手段或其他社会规范冲击或代替法律，避免以个别领导的价值判断来代替法律的价值判断。

另一方面，立法应主动适应改革需要，积极发挥引导、推动、规范、保障改革的作用，做到重大改革于法有据，改革和法治同步推进，增强改革的穿透力。对实践证明已经比较成熟的改革经验和行之有效的改革举措，要尽快上升为法律。

总之，我们要坚持改革决策和立法决策相统一、相衔接，既不允许随意突破法律红线，也不允许简单以现行法律没有依据为由迟滞改革。对不适应改革要求的现行法律法规，要及时修改或废止，不能让一些过时的法律条款成为改革的"绊马索"。

案例十一

新发展理念

材料一：中共中央政治局 2013 年 5 月 24 日上午就大力推进生态文明建设进行第六次集体学习。中共中央总书记习近平在主持学习时强调，生态环境保护是功在当代、利在千秋的事业。要清醒认识保护生态环境、治理环境污染的紧迫性和艰巨性，清醒认识加强生态文明建设的重要性和必要性，以对人民群众、对子孙后代高度负责的态度和责任，真正下决心把环境污染治理好、把生态环境建设好，努力走向社会主义生态文明新时代，为人民创造良好生产生活环境。习近平强调，要正确处理好经济发展同生态环境保护的关系，牢固树立保护生态环境就是保护生产力、改善生态环境就是发展生产力的理念，更加自觉地推动绿色发展、循环发展、低碳发展，决不以牺牲环境为代价去换取一时的经济增长。

材料二：2014 年 3 月 7 日，习近平在参加十二届全国人大二次会议贵州代表团审议时发表讲话，指出："我说过，既要绿水青山，也要金山银山；绿水青山就是金山银山。绿水青山和金山银山决不是对立的，关键在人，关键在思路。为什么说绿水青山就是金山银山？'鱼逐水草而居，鸟择良木而栖。'如果其他各方面条件都具备，谁不愿意到绿水青山的地方来投资、来发展、来工作、来生活、来旅游？从这一意义上说，绿水青山既是自然财富，又是社会财富、经济财富。"

问题：根据以上材料，结合新发展理念的内涵，谈谈你对通过用新发展理念引领法治中国建设的看法。

答题要求：

1. 无观点或论述、照搬材料原文的不得分；
2. 观点正确，表述完整、准确；
3. 总字数不得少于 600 字。

✎ **答题区**

600 字

参考答案 ▶▶▶ （要点）

1. 创新、协调、绿色、开放、共享的发展理念，是推进我国经济社会发展的基本遵循，是法治中国建设的思想指引。创新是引领发展的第一动力，注重的是解决发展动力问题；协调是持续健康发展的内在要求，注重的是解决发展不平衡问题；绿色是永续发展的必要条件和人民对美好生活追求的重要体现，注重的是解决人与自然和谐问题；开放是国家繁荣发展的必由之路，注重的是解决发展内外联动问题；共享是中国特色社会主义的本质要求，注重的是解决社会公平正义问题。

2. 对于法治中国建设，新发展理念可以从如下五个方面发挥引领作用：

（1）要以新发展理念为指引完善法律体系，将协调发展的理念贯穿于各级各类立法实践中。在全国性法律法规和地方立法的制定中解决不协调问题，明确法律法规的逻辑层次与效力等级，提高立法质量和水平。

（2）以新发展理念为指引建设法治政府，以开放发展理念吸收世界各国法治政府建设经验；以协调发展理念合理规制政府各个部门行使的权力，使之彼此配合、形成合力；以共享发展理念保障全体公民的合法权利。

（3）以新发展理念为指引促进司法公正，应吸收世界各国司法权力配置和司法权运作方面的成功经验，概括、尊重并严格遵循司法活动的基本规律，实现司法对社会利益的合理调节、对公权力的有效监督制约和对公民权利特别是基本人权的充分保障。

（4）以新发展理念为指引建设法治社会，坚持发展为了人民、发展依靠人民、发展成果由人民共享；充分调动人民群众的积极性、主动性、创造性；培育更为广泛的社会治理主体，创新多样化的社会治理方式。

（5）以新发展理念为指引完善党内法规，秉持法治精神、法治理念和法治原则，以宪法和法律为依据，进一步提高党内法规的科学化、规范化水平；加快构建以党章为根本、若干配套党内法规为支撑的党内法规体系，扎紧制度的笼子；形成完善的党内法规体系，努力形成国家法律法规和党内法规制度相辅相成、相互促进、相互保障的格局。

3. 解放和发展社会生产力，是社会主义的本质要求。我们要激发全社会创造力和发展活力，努力实现更高质量、更有效率、更加公平、更可持续的发展。建设法治中国，也必须坚持以新发展理念为引领，不断开创法治建设新局面。

案例十二
论推进公正司法

材料一：2015 年 3 月 24 日，习近平在主持中共中央政治局第二十一次集体学习时强调，我国司法制度是党领导人民在长期实践中建立和发展起来的，总体上与我国国情和我国社会主义制度是适应的。同时，由于多种因素影响，司法活动中也存在一些司法不公、冤假错案、司法腐败以及金钱案、权力案、人情案等问题。这些问题如果不抓紧解决，就会严重影响全面依法治国进程，严重影响社会公平正义。

材料二：2013 年 2 月 23 日，习近平在主持中共中央政治局第四次集体学习讲话中指出，全面推进依法治国，必须坚持公正司法。公正司法是维护社会公平正义的最后一道防线。所谓公正司法，就是受到侵害的权利一定会得到保护和救济，违法犯罪活动一定要受到制裁和惩罚。如果人民群众通过司法程序不能保证自己的合法权利，那司法就没有公信力，人民群众也不会相信司法。法律本来应该具有定分止争的功能，司法审判本来应该具有终局性的作用，如果司法不公、人心不服，这些功能就难以实现。

问题：根据以上材料，结合习近平法治思想的人民性，谈谈你对推进公正司法的认识。

答题要求：

1. 无观点或论述、照搬材料原文的不得分；
2. 观点正确，表述完整、准确；
3. 总字数不得少于 600 字。

✏️ **答题区**

（空白方格稿纸，标注 600 字）

参考答案 ▶▶▶ （要点）

　　1. 人民性是马克思主义最鲜明的品格。习近平法治思想强调，法治建设必须要为了人民、依靠人民、造福人民、保护人民，以人民群众的根本利益为出发点和落脚点，推动把体现人民利益、反映人民愿望、维护人民权益、增进人民福祉落实到全面依法治国的各领域全过程，不断增强人民群众的获得感、幸福感和安全感。

　　2. 司法是社会公平正义的最后一道防线，而公正又是司法的灵魂和生命。司法公正对社会公正具有重要引领作用，司法不公对社会公正具有致命的破坏作用。公正司法是法治工作永恒的主题、任务和价值追求，没有公正司法，就没有社会的公平正义。努力让人民群众在每一个司法案件中感受到公平正义，是全面推进依法治国的题中应有之义。推进公正司法，提升司法公信力，满足人民对于公平正义的司法需求，需要在以下四个方面着力：

　　（1）推进公正司法，要坚持司法为民，努力维护人民权益。坚持人民司法为人民，依靠人民推进公正司法，通过公正司法维护人民权益。重点解决好损害人民群众权益的突出问题，决不允许对人民群众的报警求助置之不理，决不允许让普通群众打不起官司，决不允许滥用权力侵犯群众的合法权益，决不允许执法犯法造成冤假错案。加强对困难群众维护合法权益的法律援助。保障人民群众参与司法，完善人民陪审员制度和人民监督员制度，提高相关司法制度的公信力。司法工作者要密切联系群众，回应人民群众对司法公正公开的关注和期待。

　　（2）推进公正司法，要坚持司法公开，构建开放、动态、透明、便民的阳光司法机制。让司法在阳光下运行，以公开促公正，以公开保廉洁。[总]增强公开的主动性，强化主动接受监督的意识。[观念]积极推进审判公开、检务公开、警务公开、狱务公开。[主体]建立生效法律文书统一上网和公开查询制度，以信息化手段拓展司法公开广度和深度。[方式]依法及时公开执法司法的依据、程序、流程、结果和裁判文书。[内容]借由司法公开，让暗箱操作没有空间，让司法腐败无处藏身，让公平正义照耀人民心田。[效果]

（3）推进公正司法，必须深化司法体制改革。要坚持司法体制改革的正确政治方向，坚持党的领导。推进以审判为中心的诉讼制度改革，让审理者裁判，由裁判者负责，倒逼法官提高公正司法的能力。完善司法体制，推动实行审判权和执行权相分离的体制改革试点。改革司法机关人财物管理体制，探索实行法院、检察院司法行政事务管理权和审判权、检察权相分离。改革法院案件受理制度，变立案审查制为立案登记制，保障当事人的诉权。加强司法体制与纪检监察机制建设有机衔接，促进公正司法。按照权责统一、权力制约、公开公正、尊重程序的要求，着力破解体制性、机制性、保障性障碍，不断提高司法公信力。

（4）推进公正司法，必须维护司法的独立性，加强对司法活动的监督，落实司法责任制。健全落实罪刑法定、疑罪从无、非法证据排除等法律原则的法律制度，完善对限制人身自由司法措施和侦查手段的司法监督，加强对刑讯逼供和非法取证的源头预防，防范冤假错案的发生。依法规范司法人员与当事人、律师、特殊关系人、中介组织的接触、交往行为，防止利益输送。规范媒体对案件的报道，防止舆论影响司法。推行司法责任制，遵循"谁办案谁负责"的原则，推动构建权责明晰、权责统一的司法权力运行机制。完善办案质量终身负责制和错案责任倒查问责机制，从根本上、源头上有效预防冤假错案，确保公正司法。

图书在版编目（CIP）数据

主观题沙盘推演. 理论法/白斌编著. —北京：中国政法大学出版社，2024.6
ISBN 978-7-5764-1476-9

Ⅰ.①主… Ⅱ.①白… Ⅲ.①法的理论－中国－资格考试－自学参考资料 Ⅳ.①D920.4

中国国家版本馆 CIP 数据核字(2024)第 108021 号

出 版 者	中国政法大学出版社
地　　址	北京市海淀区西土城路 25 号
邮寄地址	北京 100088 信箱 8034 分箱　邮编 100088
网　　址	http://www.cuplpress.com (网络实名：中国政法大学出版社)
电　　话	010-58908285(总编室) 58908433 （编辑部） 58908334(邮购部)
承　　印	三河市华润印刷有限公司
开　　本	787mm×1092mm　1/16
印　　张	9.75
字　　数	240 千字
版　　次	2024 年 6 月第 1 版
印　　次	2024 年 6 月第 1 次印刷
定　　价	61.00 元

厚大法考（北京）2024年主观题面授教学计划

班次名称		授课时间	标准学费（元）	阶段优惠(元)			备注
				6.10前	7.10前	8.10前	
冲刺系列	主观实战演练班	9.3~10.16	17800	11800	12800	13800	配备本班次配套图书及随堂内部资料
	主观短训A班	9.28~10.16	12800	一对一批改；专属自习室；专项训练，短时高效，全方位提升应试能力。			
	主观短训B班	9.28~10.16	12800	7300	7800	8300	

其他优惠：

1. 3人（含）以上团报，每人优惠500元。
2. 厚大老学员在阶段优惠基础上再享95折，不再适用团报政策。
3. 协议班次无优惠，不适用以上政策。

【总部及北京分校】北京市海淀区花园东路15号旷怡大厦10层厚大法考

咨询电话：4009-900-600-转1-再转1　18610642307 陈老师

厚大法考服务号

扫码咨询客服
免费领取2024年备考资料

厚大法考（西安）2024年主观题教学计划

班次名称		授课时间	授课方式	标准学费（元）	阶段优惠(元)			图书配备
					6.10前	7.10前	8.10前	
私塾系列	主观私塾A班	随报随学	全程集训	26800	一对一批改服务，班班督学；一对一诊断学情，针对性提升；课程全面升级；2024年主观题未通过，退20000元。			配备本班次配套图书及随堂内部资料
	主观私塾B班	随报随学		16800	11880	12380	12880	
大成系列	主观通关A班	6.18~10.12		16800	座位优先，面批面改，带练带背；2024年主观题未通过，退9000元。			
	主观通关B班	6.18~10.12		16800	9800	10300	9880	
	主观集训A班	7.10~10.12		13800	座位优先，面批面改，带练带背；2024年主观题未通过，退8000元。			
	主观集训B班	7.10~10.12		13800	8880	9300	已开课	
冲刺系列	主观特训A班	8.20~10.12		11800	一对一辅导，班班督学；面批面改，带练带背。			
	主观特训B班	8.20~10.12		11800	7800	8300	8800	
	主观短训A班	9.23~10.12		10800	一对一辅导，班班督学；面批面改，带练带背。			
	主观短训B班	9.23~10.12		10800	6800	7300	7800	

其他优惠：

1. 3人（含）以上团报，每人优惠300元；5人（含）以上团报，每人优惠500元；8人（含）以上团报，每人优惠800元。
2. 厚大老学员在阶段优惠基础上再优惠500元，不再享受其他优惠。
3. 协议班次不适用以上优惠政策。

【西安分校】陕西省西安市雁塔区长安南路449号丽融大厦1802室（西北政法大学北校区对面）

联系方式：18691857706 李老师　18636652560 李老师　13891432202 王老师

厚大法考APP

厚大法考官博

西安厚大法考官微

西安厚大法考官博